KB072982

요하문명과 한반도

차례

머리말

이 책은 필자가 요하문명에 대해서 쓴 세 권의 학술 서적과 여러 편의 논문을 바탕으로, 일반인이 요하문명에 대해서 쉽게 읽고 이해할 수 있도록 문고본 형태로 기획된 것이다. 특히 중국의 상고사 재편 움직임과 관련하여, 요하문명이 한반도와 어떻게 연결되는지를 소개하는 데 많은 지면을 할애했다. 이 책을 통해 요하문명에 대해 좀 더 알고 싶은 분들은 필자의 『동북공정의 선행 작업들과 중국의 국가 전략』(2004), 『동북공정 너머 요하문명론』(2007), 『고조선문명의 기원과 요하문명』(2018) 등을 참고하기 바란다.

필자가 만주 일대에서 새롭게 발견된 놀라운 요하문명(遼

河文明)에 대해서 연구를 시작한 것은 요녕성 심양시에 있는 요녕대학(遼寧大學) 한국학과 교수(2000.2-2002.8)를 시작으로 최근 홍산문화 연구의 중심지인 내몽고자치구 적봉시 적봉학원(赤峰學院: 우리의 대학, 영문으로는 Chifeng Univ.) 홍산문화 연구원(紅山文化研究院) 방문교수(2014.9-2015.8)를 거치며 올해로 만 19년이 되어간다.

그 사이에 요하문명을 소개하는 단행본을 세 권이나 출간했지만, 아직도 국내 고고-역사학계에서는 본격적인 연구가 이루어지고 있지 않다. 요하문명에 대해서 연구하는 사람이 한 손에 꼽을 정도에 불과하다. 그래서 일반인에게는 아직도 만주 일대에서 새롭게 발견된 놀라운 요하문명 자체가 잘 알려져 있지 않다.

1970년대 말에서 1980년대 초에 걸쳐서 만주 일대 요서 지역을 중심으로 새롭게 발견되기 시작한 요하문명의 각 유적과 유물은, 믿을 수 없을 정도로 거대한 규모와 발달된 단계를 보이고 있다. 지난 수천 년 동안 아무도 모르고 잊혀진 고대문명이 이 지역에서 꽃을 피웠던 것이다. 특히 '요하문명의 꽃'으로 불리는 홍산문화(紅山文化)의 유적과 유물은 19년 넘게 답사한 필자에게는 아직도 놀라움 그 자체이다.

중국 학계에서는 수천 년 동안 아무도 알 수 없었던 고대문명이 새롭게 발견되면서, 1995년에 곽대순(郭大順)에 의해

'요하문명'으로 명명된다. 1996년부터는 국가 차원에서 요하문명을 중국 상고사와 연결하기 위해서 5년 단위의 다양한 역사 관련 프로젝트인 각종 역사공정(歷史工程)을 이어가고 있다. 일반인은 동북공정만 기억할지 모르지만, 이 밖에도 많은 역사 관련 공정이 진행되었다.

이런 국가 차원의 역사 관련 공정을 통해서 중국 학계는 ① 요하문명의 주도 세력이 한족의 조상이라는 전설적인 황제족(黃帝族)이고, ② 따라서 만주 일대에서 발원하는 후대의 모든 소수민족은 황제족의 후예이며, ③ 이 황제족 후예들이 이룩한 역사는 모두 중국사의 일부라는 논리를 만들어가고 있다. 중국 학계는 요하문명의 발견 이후 1996년부터 이어지는 각종 역사 관련 공정을 통해서 그들의 상고사를 완전히 재편하고 있는 것이다.

중국 학자들이 새롭게 발견된 요하문명과 그들의 상고사와의 연결 가능성을 연구하는 것은 어쩌면 당연한 것이다. 문제는 만주 일대의 요하문명을 주도한 세력을 한족의 조상이라는 황제족으로 끌고 가려는 일방적인 시각이다. 이런 중국 학계의 시각에 대해서 한국 학계가 적절히 대응하지 않는다면, ① 예맥·부여·발해·고조선 등과 연결되는 한민족의 조상들은 모두 황제족의 후예가 되는 것이다. 그리고 ② 이들이 이룩한 역사는 모두 중국사의 일부가 된다는 것을 피할 수 없게 된다. 현재도 중국의 역사 교과서에서 부여·발해·고구려를 중국사로 가르치고 있다는 것을 모르는 한국인이 많다.

현재까지 요하문명의 각종 신석기-청동기시대 유적은 요서 지역을 중심으로 발견된다. 그런데, 우리나라 중-고등학교 역사 교과서에는 비파형동검(琵琶刑銅劍) 등이 분포하는 요서 지역을 포함한 만주 지역도 '고조선의 영역' '고조선의 문화권' '고조선의 세력 범위' 등으로 본다. 현재 대부분의 역사 교과서에서 청동기시대를 기원전 2000-1500년 사이에 시작된 것으로 보고, 고조선의 건국을 기원전 2333년이라고 기술한다. 특히 '고조선 문화권' 또는 '고조선 세력 범위' 관련 지도에는 요하문명의 중심지인 요서 지역이 분명하게 포함되어 있다. 요서 지역을 고조선의 문화권/지역/영역/세력 범위 등으로 인정하면서, 이 지역에서 새롭게 발견된 요하문명이 우리와 상관없다는 것이 말이 되는가? 요하문명이 한국 상고사와 무관하다며 연구하지 않는 한국 역사-고고학계의 현실을 필자는 도저히 이해할 수가 없다.

요하문명 지역은 우리의 상고사와 떼어 놓을 수 없는 곳이다. 고조선·예맥·부여·고구려 등은 바로 이 지역과 직·간접적으로 연결되어 있다. 늦었지만 이제라도 요하문명에 대해 체계적으로 연구해야 한다.

요하문명에 대한 연구는 ① 식민사학을 둘러싼 사학계의 갈등이나, ② 이른바 재야 사학과 강단 사학 사이의 갈등, ③ 민족주의 사학이나 실증주의 사학 등의 문제와도 전혀 상관없는 것이다. 만주 일대에서 수천 년 동안 묻혀 있다가 새롭게 드러난 요하문명이 우리의 상고사-고대사와 어떻게 연결되는지를 연구하는 것은 학자로서 당연히 해야 하는 일이다. 중국 학계는 이를 본격적으로 연구하여 그들의 상고사를 완전히 재편하고 있는데, 이 지역이 고조선의 강역/영향권/문화권이라고 인정하면서도 강 건너 불구경하듯 보고 있는 것이 우리의 현실이다.

새롭게 전모를 드러내고 있는 요하문명에 대한 다양한 분야의 연구가 이루어져야 한다. 하나의 거대한 '문명'에 대한 연구는 고고-역사학자들만의 전유물이 아니다. 요하문명에 대한 연구도 고고학, 역사학, 민속학, 사회학, 정치학, 문화학, 종교학, 신화학, 미술, 미학, 건축학, 철학 등 많은 학문 분야에서 연구할 수 있다.

이집트문명의 상형문자 연구는 고고학자들보다 언어학자들이 더 잘 할 수 있고, 그들의 상형문자에 드러난 사후 세계나 종교에 대해서는 종교학자나 신화학자가 연구를 더 잘 할 수 있다. 거대 피라미드에 대해서는 건축학자나 천문학자들이 연구를 더 잘 할 수 있는 것과 마찬가지다.

이 책은 만주 일대 요서 지역을 중심으로 새롭게 발견된 요하문명과 한반도가 어떻게 연결되어 있는지를 보여주는 데 많은 지면을 할애하고 있다. 이 책은 요하문명에 대해서 개괄적으로 소개하는 일반인을 위한 교양서로 준비한 것이다. 뜻이 있는 독자들은 필자의 학술 저서를 참고하여, 각 분야에서 깊이 있는 연구 결과가 도출되기를 기대해본다.

필자는 요하문명이 '동북아시아 공통의 시원문명'이라고 본다. 이런 인식을 바탕으로 한·중·일·몽골 등이 함께 공동연구를 진행할 때, ① 요하문명이 한·중·일·몽골의 공통의 문명적 기반이라는 인식을 확산시킬 수 있고, ② 미래에 벌어질 각 국가 사이의 많은 역사 갈등을 예방하고 동북아문화공동체를 앞당길 수 있는 초석이 될 수 있다고 본다. ③ 이를 바탕으로 동북아시아가 세계의 정치·경제·문화의 중심지로 거듭나는 '21세기 동방 르네상스'가 시작될 수 있기를 기대해본다.

2019년 3월 1일

一竹 우실하

1. 글을 시작하며

수천 년 동안 아무도 알 수 없었던 거대하고 새로운 문명이 1980년대 들어서면서 본격적으로 발견되었다. 만주 일대 서쪽 요하(遼河)의 중상류인 요서(遼西) 지역을 중심으로 새롭게 발견된 이 고대 문명은, 중국 학계에서는 1995년 곽대순에 의해 '요하문명'으로 명명되었다.

요하문명에 대해 소개하기 전에 몇 가지 짚고 넘어가야 할 부분을 책머리에 미리 정리하면 다음과 같다.

'○○유지(=유적)' '○○문화' '○○문명' 개념

현재 한국 고고학계에서는 '○○문화' 같은 '고고학문화' 개념이 없다. 그래서 필자가 일반인을 대상으로 특강할 때 많은 사람이 요하문명을 이루는 흥륭와문화, 홍산문화, 하가점하층문화 등과 같은 각종 신석기-청동기시대 고고학문화 개념을 이해하는 데 어려움을 겪는다. 아래에서는 '○○유지(=유적지=유적)' '○○문화' '○○문명'이 어떻게 명명되며 어떤 차이가 있는지를 간단히 설명하기로 한다.[1]

첫째, 특정한 지역에서 고고학적 유지(遺址)=유적(遺蹟)=유적지(遺蹟地)가 발견되면, 그 지역의 행정 최소 단위 이름을 붙여서 '○○유지(=유적)'라고 대부분 명명한다. 예를 들어서 흥륭와촌에서 발견되면 그 유적지의 이름은 '흥륭와(촌)유지', 조보구촌에서 발견되면 '조보구(촌)유지' 등으로 명명한다. 중국 고고학계의 경우 ① 행정 최소 단위 이름에서 '촌'자를 생략하고, ② '유적' 대신에 '유지'라는 용어를 써서 '흥륭와유지' '조보구유지' 등으로 명명하는데(유적=유적지) 의미는 같다.

한국의 경우에는 ① '○○유지'보다는 '○○유적'이라는 표현을 사용하며, ② 도시 지역의 경우에는 행정 최소 단위인 '동(洞)'을 붙여서 '동삼동패총유적' '복천동유적' 등으로 명명하고, ③ 시골 지역의 경우에는 행정 최소 단위인 '리(里)'를 붙여서 '문암리유적' '오산리유적' 등으로 명명한다. 필자는 이 책에서 중국 유적지의 경우에는 '○○유지'를, 한국의 경우에는 '○○유적'을 사용했다.

둘째, 주변에서 'A유지'와 시대가 같고, 출토 유물도 같은 'B유지' 'C유지' 'D유지' 등이 발견되면, 이 모든 유적지를 하나의 '고고학문화'로 묶는다. 이때 하나로 묶는 '고고학문화'의 명칭은 최초로 이런 유형이 발견된 'A유지'를 따라서 'A문화'로 명명한다.

예를 들어 ① 흥륭와유지, 흥륭구유지, 백음장한유지 등이 같은 시대의 유적지일 경우 이를 하나로 묶어서 최초로 발견된 흥륭와유지의 이름을 따라 '흥륭와문화'로 명명하고, ② 홍산유지, 동산취유지, 위가와포유지, 우하량유지 등을 묶어서 이런 유형이 최초로 발견된 홍산유지의 이름을 따라 '홍산문화'로 명명하는 식이다. 현재 홍산문화에 속한 유적지는 1,200개 이상이나 된다. 이 유적지들은 모두 홍산문화라는 고고학문화에 속하는 것이다.

셋째, 시간·공간적으로 계승관계에 있는 ① 서로 다른 신석기시대의 여러 고고학문화와 ② 청동기시대의 여러 고고학문화가 발견되고, ③ 국가단계에 이르는 시기에까지 이어지면, 이들을 모두 엮어서 '○○문명'이라고 명명한다. '○○

문명'으로 명명하는 경우에는 이들 각종 신석기-청동기시대 '고고학문화'가 분포하는 지역을 관통하는 큰 강의 이름을 따라 '○○(강)문명'으로 명명하는 것이 보편적이다.

예를 들어 '황하문명' '나일(강)문명(=이집트문명)' '인더스(강)문명' '유프라테스-티그리스(강)문명(=메소포타미아문명)' 등이 이런 예이다. 최근 새롭게 발견된 '요하문명'이라는 명칭은 요서 지역을 가로지르는 요하의 이름을 따서 명명한 것이다.

국내에서는 '○○문화' 개념이 없으므로 국내의 인터넷 블로그나 심지어 정식으로 출판된 책이나 논문에서조차도 '홍산문명'이라는 이상한 개념을 사용하는 경우가 종종 보인다. '홍산문명'이라는 개념은 없다. '요하문명'을 이루는 여러 신석기시대 '고고학문화' 가운데 가장 주목받고 있는 '홍산문화'가 있을 뿐이다.

한국 고고-역사학계의 무관심에 대해서

필자는 요녕대학 한국학과 교수를 마치고 한국에 돌아와서 요하문명에 대해 알리고 국내 학계의 연구를 촉진하기 위해서, 『동북공정의 선행 작업들과 중국의 국가 전략』

(2004), 『동북공정 너머 요하문명론』(2007), 『고조선문명의 기원과 요하문명』(2018) 등의 책과 요하문명 지도인 『고조선의 강역과 요하문명』(2007) 등을 출판했다.[2]

그러나 필자의 바람과는 달리 요하문명에 대한 한국 고고-역사학계의 학문적 무관심은 여전하다. 한국 학계의 본격적인 연구를 기대했던 필자로서는 답답한 마음을 금할 수 없다. 왜 이런 현상이 나타나는 것일까?

우리나라 역사학계에서는 1980년 초 『환단고기』가 세간에 알려지면서 소위 재야 사학자와 강단 사학자 사이에 많은 갈등이 있었고, 현재도 그 대립과 갈등은 커져만 간다. 필자는 『환단고기』를 사서로 인정하지 않는다. 필자가 요하문명을 소개한 세 권의 저서 어디에도 『환단고기』를 인용하여 필자의 논지를 입증한 것은 없다.

그러나 아이러니하게도 요하문명에 대해 최초로 체계적으로 소개한 필자의 저서가 출간되면서, 이 책을 인용하고 반긴 사람들이 바로 『환단고기』를 사서로 인정하는 일부 재야 사학자들과 몇몇 민족종교 쪽이었다. 그들은 요하문명의 발견으로 단군조선 이전의 배달국과 환국의 실체가 드러났다고 대대적으로 반기고, 여러 글과 책을 통해서 이런 논리를 일반인에게 전파하기 시작했다. 이런 현상은 지금까지도 이어진다.

일부 재야 사학계와 몇몇 민족종교 쪽에서 요하문명을 단군조선 이전의 배달국과 환국 등으로 연결하기 시작하면서, 요하문명에 대해서 연구해보지도 않은 주류 고고-역사학계에서는 요하문명에 대해서 이야기하는 모든 사람을 '환빠'로 몰아가는 이상한 분위기가 형성되었다. 일부 재야 사학계와 몇몇 민족종교 쪽에서 요하문명에 대해서 열광하면 할수록, 주류 고고-역사학계에서는 아예 거들떠보지도 않는 참으로 기막힌 상황이 연출된 것이다. 필자로서는 정말 난감하고 피하고 싶었던 상황이 현재도 지속되고 있다.

다시 한 번 강조하지만, 요하문명에 대한 연구는 ① 식민사학을 둘러싼 사학계의 갈등이나, ② 이른바 재야 사학과 강단 사학 사이의 갈등, ③ 민족주의 사학이나 실증주의 사학 등의 문제와도 전혀 상관없는 것이다. 만주 일대에서 수천 년 동안 묻혀 있다가 새롭게 드러난 요하문명이 우리의 상고사-고대사와 어떻게 연결되는지를 연구하는 것은 학자로서 당연한 일이다.

'구더기 무서워서 장 못 담글까!'라는 속담이 있다. 우리 고고-역사학계가 바로 그 꼴이다. 『환단고기』를 사서로 인정하는 일부 집단 때문에, 새롭게 발견된 요하문명에 대한 연구 자체를 하지 않는다.

중국 학계에서는 요하문명을 본격적으로 연구하여 그들

의 상고사를 완전히 재편하는데, 이 지역이 고조선의 강역/영향권/문화권이라고 인정하면서도 강 건너 불구경하듯 하는 것은 한국 학계의 직무유기일 뿐이다.

요서 지역에서 거대한 요하문명이 발견된 것은 의심의 여지가 없는 '사실(Fact)'이다. '요하문명을 진정한 문명단계로 볼 것인가?' '홍산문화 후기 단계를 초기 국가단계로 볼 것인가?' 등의 문제는 학술적으로 논쟁하면 되는 것이다. 이런 논쟁은 중국 학계에서도 진행되는 것들이다. 왜 연구 자체를 하지 않는가?

백 보 양보해서 요하문명이 문명단계에 이르지 못했고 홍산문화 후기가 초기 국가단계에 이르지 못했다고 할지라도, 이런 논쟁이 생길 정도의 거대한 유적과 유물이 발견된 것은 '사실'인 것이다. 그리고 그것이 우리나라 역사 교과서에서 고조선의 문화권/세력권 등으로 언급하고 있는 요서 일대에서 발견된 것이다. 남미나 아프리카에서 발견된 것도 아니고, 중원 지역도 아닌 만주 일대에서 발견된 요하문명을 무관심으로 일관하는 것은 한국 고고-역사학계의 큰 문제이다.

필자는 현재 내몽고 홍산문화학회의 유일한 외국학자 회원으로, ① 2012년 '제7회 홍산문화고봉논단(내몽고 적봉시)', ② 2014년 '제9회 홍산문화고봉논단(적봉시)', ③ 2015년 '제

10회 홍산문화고봉논단(적봉시)', ④ 2015년 '홍산문화 발견 80주년 기념학술대회(요녕성 대련시)', ⑤ 2016년 '제11회 홍산문화고봉논단(적봉시), ⑥ 2017년 '제12회 홍산문화국제고봉논단(내몽고, 호화호특시)' 등에서 중국 학자들과 함께 논문 발표를 했다. 이들 학술대회에서 발표된 논문 가운데 대부분은 수정되어 중국 학술지에 실리거나 중국어로 된 단행본으로 출간되었다.[3]

위에서 소개한 각 학술대회에서 발표된 수십 편의 논문 가운데 역사·고고학 관련 외에도 철학, 미학, 디자인, 신화학, 민속학, 종교학, 복식학, 사회학, 정치학, 건축학 등 수많은 분야의 논문이 '홍산문화'를 주제로 발표되었다.

필자가 참가한 6번의 홍산문화고봉논단과 '홍산문화 발견 80주년 기념학술대회(2015.12.22.-23. 요녕성 대련시)' 등에서 필자 이외에 논문을 발표하거나 단순 참관한 한국 학자는 2017년 '제12회 홍산문화국제고봉논단'에서 발표한 청운대학의 최창원 교수뿐이다. 하지만 최 교수는 홍산문화를 전문적으로 연구하는 학자도 아니고, 자신의 독자적인 연구 결과를 발표한 것도 아니었다.[4] 결국 최근 7-8년 동안 한국의 고고-역사학계에서는 논문 발표를 하거나 단순 참관이라도 한 사람이 아무도 없었다는 것이다.

홍산문화고봉논단은 중국 학계에서 홍산문화에 대해 연

구하는 최고의 학자들이 거의 다 모이는 가장 큰 학술대회이다. 미국·독일·영국 등에서도 학자들이 가끔은 발표 또는 참관하러 온다. 우리의 상고사-고대사와 직·간접적으로 연결될 수밖에 없는, 만주 일대에서 발견된 새로운 고대문명에 대해서 한국 학계가 이렇게 무관심한 것을 필자는 지금도 이해하기 어렵다. 홍산문화에서 어떤 것이 새로 발견되었고, 무슨 연구를 하고 있는지 궁금하지도 않은가?

'요하문명의 꽃'으로 불리는 홍산문화에 속하는 유적지가 2011년을 기준으로 1,000곳이 넘었고[5], 이후 계속 발견되어 약 1,100곳가량 되었다. 그런데 2017년 한 해 동안 요녕성 지역에서만 146곳의 홍산문화 유적지가 새롭게 발견되었다.[6] 현재는 1,200곳이 넘는다.

늦었지만 이제라도 요하문명에 대한 본격적인 연구가 시작되어야 한다. 우리나라 학계가 연구하여 자신의 목소리를 내지 않는다면 중국 학계 시각이 전 세계로 퍼지는 것은 시간문제일 뿐이다.

중국 학계에서는 ① 요하문명의 주도 세력이 한족의 조상이라는 전설적인 황제족이고, ② 따라서 만주 일대에서 발원하는 후대의 모든 소수민족은 황제족의 후예이며, ③ 이 황제족 후예들이 이룩한 역사는 모두 중국사의 일부라는 논리를 만들어가고 있다. 중국 학계는 요하문명의 발견 이후

1996년부터 이어지는 각종 역사 관련 공정을 통해서 그들의 상고사를 완전히 재편하고 있다.

중국 학자들이 새롭게 발견된 요하문명과 그들의 상고사와의 연결 가능성을 연구하는 것은 어쩌면 당연하다. 문제는 만주 일대의 요하문명을 주도한 세력을 한족의 조상이라는 황제족으로 끌고 가려는 일방적인 시각이다. 이런 중국 학계의 시각에 대해서 한국 학계가 적절히 대응하지 않는다면, ① 예맥·부여·발해·고조선 등과 연결되는 한민족의 조상들은 모두 황제족의 후예가 되는 것이다. 그리고 ② 이들이 이룩한 역사는 모두 중국사의 일부가 된다는 것을 분명하게 기억해두어야 한다.

〈자료 1〉 적봉시와 적봉대학이 주관한 홍산문화 관련 국제학술대회[7]

시기	학술대회 명칭	필자 참가 여부
1993.8.	중국북방고대문화 제1회 국제학술연토회 (中國北方古代文化 第1屆國際學術硏討會)	불참
1998.8.	중국북방고대문화 제2회 국제학술연토회	불참
2004.7.	중국북방고대문화 제3회 국제학술연토회	불참
2006.8.	제1회 홍산문화고봉논단 (第1屆紅山文化高峰論壇)	불참
2007.8.	제2회 홍산문화고봉논단	불참
2008.8.	제3회 홍산문화고봉논단	불참
2009.8.	제4회 홍산문화절학술강좌 (第4屆紅山文化節學術講座)	불참

2010.8.	第5회 홍산문화고봉논단	참가, 미발표
2011.8.	第6회 홍산문화고봉논단	불참
2012.8.	第7회 홍산문화고봉논단	참가, 논문 발표
2013.8.	第8회 홍산문화고봉논단	불참
2014.8.	第9회 홍산문화고봉논단	참가, 논문 발표
2015.8.	第10회 홍산문화고봉논단	참가, 논문 발표
2016.8.	第11회 홍산문화고봉논단	참가, 논문 발표
2017.8.	第12회 홍산문화국제고봉논단	참가, 논문 발표

요하문명 지역 각 고고학문화의 연대에 대한 의구심에 대하여[8]

많은 사람들이 중국 학계에서 제시하는 각종 연대 측정 결과에 대해서 막연하게 불신하는 경향이 있다. 수천 년 동안 불모지에 가까운 야만인의 땅이라고 여겨지던 곳에서 새로운 문명이 발견되면서, 믿기 어려운 이른 시기에 발달된 유적과 유물이 나오기 때문에 아직도 반신반의하는 사람이 많다. 연대가 너무 높게 과장되었다고 막연히 느끼는 것이다. 이런 의구심을 해소하기 위해서 아래에서는 요하문명 지역 각 고고학문화의 연대에 대해서 살펴보기로 한다.

첫째, 세계적인 주목을 받는 유적일수록 자국 외의 2-3개 선진국에 시료를 보내서 '탄소14 연대 측정'을 받아 객관적으로 국제적인 공인을 받는다. 중국도 중요한 시료들은 캐나다·미국·프랑스·독일·일본 등 고고학 선진국 몇 나라에 보내서 측정한다.

구체적인 예를 들어보기로 하자. 적봉시 오한기(敖漢旗) 흥륭와문화(BC 6200-5200) 흥륭구(興隆溝)유지에서 세계 최초의 재배종 기장(黍)과 조(粟)가 발견되었을 때, 탄화된 기장과 조는 미국·캐나다·일본·중국 등 4개국에서 연대 측정을 했다. 이 모든 나라에서 7600여 년 전의 것으로 판명되었다.[9] 이런 과정을 거쳐야 국제적으로 공인되는 것이다. 이것은 2012년에 이미 '세계 중요 농업문화 유산'으로 등재 완료되었다. 이런 과정을 거친 연대에 대해서 의구심을 지니는 것은 자신의 무지를 드러내는 것이고 학문 자체를 부정하는 것일 뿐이다.

자국에서만 이루어진 측정 연대는 국제 학계의 공인을 받기 어렵다. 그 대표적인 경우가 북한의 단군릉(檀君陵) 인골(人骨)이다. 북한에서는 단군릉에서 발견된 인골을 시료로 '전자 상자 공명법'을 이용해서 수십 번을 반복해서 측정한 것이라고 강조하지만, 자국에서만 이루어졌기 때문에 한국 학계에서조차도 인정받지 못한다.

둘째, 필자가 이 책을 통해서 소개하는 요하문명을 이루는 각 고고학문화에 대한 연대는 '탄소14 측정 연대'를 기초로 나이테 수정을 거친 '나이테 교정 연대'라는 '절대연대'이다. 절대연대인 '나이테 교정 연대'는 실제 연대에 더 가까운 것이다.

'탄소14 연대 측정법'은 탄소14의 반감기를 이용해서 연대를 측정한다. 따라서 조사대상인 표본(인골, 목탄=탄화목, 탄화곡물 등)의 주변에 표본보다 훨씬 연대가 이르거나 늦은 탄소가 있어서 표본이 오염되면 정확도가 떨어질 수밖에 없다. 예를 들어 요하문명의 각종 신석기문화가 분포한 지역에 ① 석회암 지역이 많아서 수만 년 혹은 수억 년 전부터 존재하던 석회암의 탄산칼슘에 포함된 탄소가 표본에 영향을 미쳐서 연대가 더 이르게 나오거나, ② 화산 폭발로 화산재가 지층을 덮으면 화산재에 포함된 탄소가 표본에 영향을 미쳐서 본래보다 연대가 이르거나 늦게 나올 수도 있다.

예전에는 탄소14 연대를 수정할 수 있는 탄화목의 표본이 많지 않았기 때문에 주로 '탄소14 측정 연대'로 만족했었다. 하지만 현대 고고학에서는 나이테 수정이 가능한 탄화목 시료가 많아졌고, 특정 유적지에서 탄화목이 나오면 절대연대인 '나이테 수정 연대'를 사용하는 것이 일반적이다. 현재 중국에서도 마찬가지다. 탄화목의 나이테를 비교해서 탄소14 연대를 수정하고 절대연대를 측정한다.

탄화목의 '탄소14 측정 연대'는 나무 나이테의 비교를 통해서 연대 수정이 이루어진다. 이것을 '나이테 교정 연대'라고 하며 실제 연대에 가까운 절대연대이다. 이것은 세계 각지에서 발굴되는 각종 탄화목의 나이테를 비교하여 시대순으로 배열된 '나이테 측정 기준표'와 특정 지역에서 발굴된 탄화목의 나이테를 비교하여 연대를 알아내는 방법이다. 따라서 '나이테 교정 연대'를 통해 절대연대를 측정하는 것은 탄화목이 발굴되는 경우에만 가능한 것이다. 특정 유적지에서 인골이나 탄화곡물이 아무리 많이 나와도, 탄화목이 나오지 않는다면 실제 연대에 가까운 '나이테 교정 연대'를 얻을 수는 없다.

이러한 '나이테 교정 연대'가 가능한 것은 시기별로 발굴-채집된 탄화목의 나이테에는 수천 년 전의 기후 혹은 기온 변화로 말미암은 특징이 나이테의 간격이나 성분 등에 남아 있기 때문이다. 따라서 '나이테 교정 연대'는 '탄소14 측정 연대'보다 훨씬 더 실제 연대에 가깝고, 탄화목이 발굴되어 나이테 수정까지 거치면 학계에서 공식적인 절대연대로 인정된다.

셋째, 일반적으로 절대연대인 '나이테 교정 연대'는 '탄소14 측정 연대'보다 더 오래된 것으로 나온다. 신석기시대 유물의 경우에는 절대연대인 '나이테 교정 연대'는 '탄소14 측정 연대'보다 일반적으로 약 800-500년 정도 오래된 것으로

〈자료 2〉 '탄소14 측정 연대'와 '나이테 교정 연대'의 차이[11]

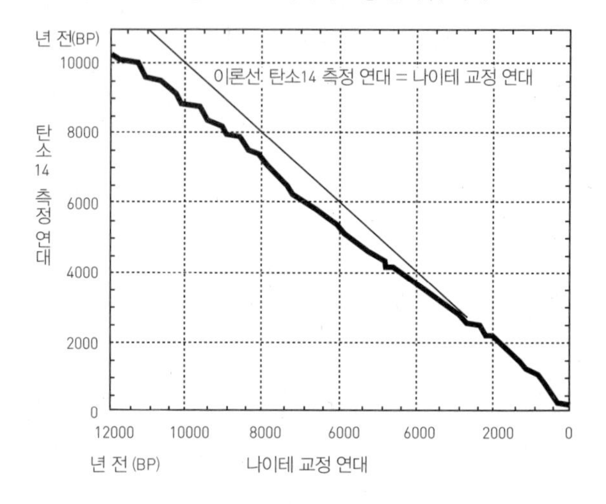

수정된다. 예를 들어 발굴된 탄화목의 '탄소14 측정 연대'가 기원전 5000년으로 나왔다면, '나이테 교정 연대'인 절대연대는 기원전 5800-5500년 정도가 나온다. 이것이 유물의 실제 연대에 더 가깝다(〈자료 2〉 참조).

앞에서 언급했듯이 탄화목, 인골, 탄화곡물의 탄소14는 ① 석회암 지대의 탄산칼슘에 포함된 탄소14나, ② 화산재에 포함된 탄소14 등에 의해서 오염될 수 있다. 신석기시대 유적에서 '나이테 교정 연대'가 '탄소14 측정 연대'보다 800-500년 이르게 나오는 것은, 탄화목의 탄소14가 상대적으로 최근에 폭발한 화산재에 포함된 탄소14로부터 오염되기 쉽기 때문이다.

수만 년 혹은 수억 년 전에 형성되어 신석기시대 지층의 밑에 깔린 석회암보다는 수천 년 혹은 수백 년 전에 폭발하여 신석기시대 지층 위를 덮고 있는 화산재에 의한 오염이 더 크다. 이런 까닭에 '나이테 교정 연대'가 '탄소14 측정 연대'보다 800-500년 정도 이르게 나오는 것이며, 이것이 사실에 더 가까운 절대연대이다.

요하문명이 위치한 요동, 요서 지역은 동쪽의 백두산 지역뿐만이 아니라 서쪽의 대흥안령 자락 그리고 북쪽의 소흥안령 자락이 모두 화산지역이다. 요하문명 지역은 화산지역으로 둘러싸인 분지에 자리하고 있다고 해도 지나친 말이 아니다. 한·중·일을 포함한 대부분의 동북아 지역에서는 상대적으로 가장 최근에 대규모로 폭발한 백두산 화산재의 영향이 매우 크다. 백두산 화산 폭발은 1만 년 전 이후에도 10여 차례나 폭발했으며, 화산재는 중국의 북부와 만주 일대, 한반도, 일본 지역까지 폭넓게 덮여 있다.

신석기시대에도 여러 차례 폭발한 백두산 화산재 등의 영향으로 만주 지역 대부분의 '나이테 교정 연대'가 '탄소14 측정 연대'보다 800-500년 정도 이르게 나온다. 이러한 상황은 주변에 화산 지대가 있는 세계 다른 지역에서도 대부분 유사하다.

넷째, 구체적인 사례로 요하문명의 대표적 신석기시대 고고학문화인 흥륭와문화(BC 6200-5400)의 '탄소14 측정 연대'와 '나이테 교정 연대'를 비교해서 소개하면 아래와 같다.

흥륭와문화에서 발견된 ① 목탄 표본 'ZK-1390'의 '탄소14 측정 연대'는 기원전 5150-4740년(4,945±205)이고 이를 수정한 '나이테 교정 연대'는 기원전 5740-5423년으로 약 590년이 빠르고, ② 목탄 표본 'ZK-1391'의 '탄소14 측정 연대'는 기원전 5635-5405년(5,520±115)이고 이를 수정한 '나이테 교정 연대'는 기원전 6200-5990년으로 약 567년이 빠르다.[10] 이렇게 800-500년 정도 이르게 나오는 '나이테 교정 연대'가 실제 연대에 더 가까운 것이다. 나이테 수정을 거쳐서 현재 통용되는 흥륭와문화의 절대연대가 '기원전 6200-5200년'이다.

다섯째, 현재 통용되는 요하문명 지역 고고학문화의 연대는 '나이테 교정 연대'로 절대연대이다. 〈자료 3〉은 중국사회과학원 고고연구소(考古硏究所)에서 펴낸 『중국고고학중 탄소14 연대 수거집 1965-1991(中國考古學中碳十四年代數据集 1965-1991)』에 실려 있는 것이다. 자료집에서 흥륭와문화, 조보구문화, 홍산문화 시기 중에서 '탄소14 연대'와 '나이테 교정 연대'를 비교할 수 있는 것만을 필자가 정리한 것이다.

자료에서는 ① 연대표기는 모두 기원전(BC)이고, ② 1965-1991년 사이에 흥륭와문화, 조보구문화, 홍산문화 등의 유적에서 출토된 것 가운데 나이테 수정이 가능한 탄화목을 시료로 측정한 것만을 모두 모았다. 자료를 보면 '나이테 교정 연대'가 '탄소14 연대'보다 최저 485년에서 최대 757년까지 이르다는 것을 알 수 있다.

결론적으로 요하문명 각각의 고고학문화 연대에 대해서 의구심을 제기하는 것은 기우일 뿐이며, 이것은 이미 국제적인 공인을 받은 절대연대로 믿을 만한 것이다.

〈자료 3〉 요하문명 주요 신석기시대 '탄소14 측정 연대'와 '나이테 교정 연대'의 차이[12]

* 현재 많이 쓰이는 탄소14 반감기를 5730년으로 계산한 것만 정리했음.
* 나이테 교정 연대의 '중간값'은 필자가 계산한 것으로 소수점 이하는 버렸음.
* '탄소14 연대'에 비해 '나이테 교정 연대'가 최대 757년, 최소 485년 정도 이르다.

고고학문화/유지	탄화목 시료번호	탄소14 연대(BC) 및 중간값 (반감기 5730년)	나이테 교정 연대 (BC) 및 중간값	중간값 사이의 차이
1. 흥륭와문화/흥륭와	ZK-1390	4945±205 BC 중간값 4945	5740-5423 BC 중간값 5580	+635
2. 흥륭와문화/흥륭와	ZK-1391	5520±115 BC 중간값 5520	6211-5990 BC 중간값 6100	+580
3. 흥륭와문화/흥륭와	ZK-1392	5290±95 BC 중간값 5290	6032-5760 BC 중간값 5896	+606
4. 흥륭와문화/흥륭와	ZK-1393	5015±95 BC 중간값 5015	5730-5560 BC 중간값 5645	+630
5. 흥륭와문화/사해	ZK-2138	4975±95 BC 중간값 4975	5712-5530 BC 중간값 5621	+646
6. 조보구문화/조보구	ZK-2135	4260±85 BC 중간값 4260	5192-4842 BC 중간값 5017	**+757 (최대)**
7. 조보구문화/조보구	ZK-2136	4270±85 BC 중간값 4270	5194-4847 BC 중간값 5020	+750
8. 조보구문화/조보구	ZK-2137	4205±95 BC 중간값 4205	5034-4782 BC 중간값 4908	+703
9. 조보구문화/소산	ZK-2061	4200±85 BC 중간값 4200	4996-4784 BC 중간값 4890	+690
10. 조보구문화/소산	ZK-2062	4110±85 BC 중간값 4110	4899-4717 BC 중간값 4808	+698
11. 홍산문화/우하량	ZK-1351	3020±80 BC 중간값 3020	3700-3521 BC 중간값 3610	+590
12. 홍산문화/우하량	ZK-1352	3025±85 BC 중간값 3025	3771-3519 BC 중간값 3645	+620
13. 홍산문화/우하량	ZK-1354	2655±125 BC 중간값 2655	3360-2920 BC 중간값 3140	**+485 (최소)**
14. 홍산문화/우하량	ZK-1355	3045±110 BC 중간값 3045	3779-3517 BC 중간값 3648	+603

15. 홍산문화/흥륭와	ZK-1394	3915±90 BC 중간값 3915	4714-4463 BC 중간값 4588	+673
16. 홍산문화/흥륭와	ZK-2064	3785±85 BC 중간값 3785	4501-4348 BC 중간값 4424	+639
17. 홍산문화/동산취	BK82079	2945±70 BC 중간값 2945	3640-3382 BC 중간값 3511	+566

2. 요하문명에 대한 간략한 소개

예로부터 중국은 만리장성을 '북방한계선'으로 하여 야만인이라고 여겨온 북방민족과는 분명한 경계를 두었다. 황하문명을 중국 고대문명의 발상지로 여겼으며, 기타 지역에서 발견되는 것들은 이 지역에서 전파된 것으로 보는 것이 일반적인 설명방식이었다.

그런데 1970년대 말부터 1980년대 들어서면서 장성 밖 요하 일대에서 황하문명보다 시기적으로 앞서고 문화적으로도 발달된 신석기시대 유적들이 속속 확인되었다. 특히 요하문명의 홍산문화(紅山文化: BC 4500-3000) 후기(BC 3500-3000)에 속하는 우하량(牛河梁)유지에서 발견된 대규모 적석총(積石塚), 제단(祭壇), 여신사당 등을 갖춘 유적의 발견은 중국 학계에 큰 충격이었고, 중국의 상고사-고대사를 전면적으로 재편하게 된 계기가 되었다.

요하문명의 주요 신석기-청동기시대 고고학문화의 편년과 분포 범위

요하문명 지역의 여러 신석기-청동기시대 고고학문화의 연대에 대해서는 논문 또는 박물관의 전시 안내물마다 약간씩의 차이가 있다. 아래에서는 중국사회과학원 고고연구소 내몽고공작대 대장으로 있으면서 흥륭와문화 등 주요 유적을 직접 발굴한 류국상(劉國祥)이 2006년에 발표한 「서요하유역 신석기시대에서 조기 청동기시대까지의 고고학문화개론(西辽河流域新石器时代至早期青铜时代考古学文化概論)」에서 정리한 연대를 기초로 했다.[1]

류국상이 위 논문을 발표할 때까지만 해도 사해문화(查海文化)를 하나의 독립된 고고학문화로 보았지만, 2010년 이후에는 흥륭와문화(興隆洼文化)에 속하는 '흥륭와문화 사해유형'으로 보고 있다. 따라서 류국상이 독립된 고고학문화로 본 사해문화를 제외하고 정리했다.

첫째, 신석기시대 소하서문화(小河西文化: BC 7000-6500).

둘째, 신석기시대 흥륭와문화(興隆洼文化: BC 6200-5200).

셋째, 신석기시대 부하문화(富河文化: BC 5200-5000).

넷째, 신석기시대 조보구문화(趙寶溝文化: BC 5000-4400).

다섯째, 신석기시대-동석병용시대(銅石竝用時代) 홍산문화(紅山文化: BC 4500-3000). 일반적으로 신석기시대로 알려졌지만, '홍산문화 후기(BC 3500-3000)'에는 구리(銅)를 주조한 흔적과 순동 귀걸이 등이 발견되어 류국상 등은 '동석병용시대'로 보고 있다. 류국상 등 많은 중국 학자는 홍산문화 우하량유지가 발견되는 홍산문화 후기에는 이미 '초급 문명사회(初級文明社會)' '초기 국가단계'에 진입했다고 본다.

여섯째, 동석병용시대 소하연문화(小河沿文化: BC 3000-2000). 소하연문화를 고리로 청동기시대로 이어지는 것이다.

일곱째, 조기 청동기시대(早期青銅器时代) 하가점하층문화(夏家店下層文化: BC 2300-1600).[2] 류국상은 청동기시대로 진입하는 하가점하층문화 시기에는 '고급 문명사회(高級文明社會)'에 진입한다고 보고 있다. 하가점하층문화 시기에 요서 지역에는 ① 중국 고고학의 대원로인 고(故) 소병기(蘇秉琦: 1909-1997)가 '방국(邦國 혹은 方國) 단계의 대국(大國)'이라고 부르고[3], ② 설지강(薛志强)이 '하(夏)나라보다 앞서서 건설된 문명고국(文明古國)'이라고 부르는 국가가 존재하고 있었다고 본다.[4] 한국 학자들 가운데 단군조선을 인정하는 사람들은 이 시기를 초기 단군조선과 연결시키기도 한다.

여덟째, 후기 청동기시대 하가점상층문화(夏家店上層文化: BC 1000-300). 이 시기에는 비파형동검이 출토되는 시기로 많은 한국 학자가 고조선과 연결시키고 있다.

〈자료 4〉 요하문명·황하문명·장강문명의 위치[5]

〈자료 5〉 요하문명·황하문명·장강문명의 주요 신석기—청동기시대 고고학 문화와 유적

* 아래에 표기된 연대는 모두 나이테 교정 연대로 실제 연대에 더 가까운 절대연대이다.
* 나이테 교정 연대는 일반적으로 탄소14 측정 연대보다 800-500년 정도 빠르다.

문명	위치	주요 신석기—청동기문화, 유적
황하문명 (黃河文明) The Huang—he Civilization = the Yellow River Civilization	황하 중류	(신) 앙소문화 (仰韶文化): BC 5000—3000 (동석) 도사(陶寺)유지: 요도(堯都)=평양(平陽) BC 2450—1900 (청) 이리두(二里頭)유지: 하도(夏都) BC 2000—1500
장강문명 (長江文明) The Chang—jiang Civilization = the Chang River Civilization	장강 하류	(신) 하모도문화(河姆渡文化): BC 5000—3300 (신) 능가탄(凌家灘)유지: BC 3600—3300 (신—청) 삼성퇴(三星堆)유지: BC 3000—1000
요하문명 (遼河文明) The Liao—he Civilization = the Liao River Civilization	요하 중—상류	(신) 소하서/흥륭와/부하/조보구/홍산문화 (小河西/興隆洼/富河/趙寶溝/紅山文化) BC 7000—3000 (동석) 소하연문화(小河沿文化) BC 3000—2000 (청) 하가점하층문화(夏家店下層文化) BC 2300—1600 (청) 하가점상층문화(夏家店上層文化) BC 1000—300

〈자료 6〉 요하문명 지역의 지세도[6]

* 몽골 초원과 만주 초원의 경계인 대흥안령산맥, 북방 시베리아 지역과의 경계인 소흥안령산맥, 중원과의 경계인 연산산맥, 백두산 자락 산악지대로 둘러싸인 분지 지역.

* 현재는 적봉에서 통료에 이르는 넓은 지역이 과이심(科爾沁, 커얼친) 사지(沙地)이다.

〈자료 7〉 요하문명의 중요 신석기·청동기시대 고고학문화

* 예전에는 사해문화를 구분했으나 2010년 이후로는 흥륭와문화의 한 유형으로 보고 있다.

* 흥륭와문화 주요 유적지는 흥륭와, 흥륭구, 사해, 백음장한유지 등이 있다.

1 신석기시대 소하서문화 (小河西文化: BC 7000–6500)
2 신석기시대 흥륭와문화 (興隆洼文化: BC 6200–5200)
3 신석기시대 부하문화 (富河文化: BC 5200–5000)
4 신석기시대 조보구문화 (趙寶溝文化: BC 5000–4400)
5 신석기시대 홍산문화 (紅山文化: BC 4500–3000))
: 전기(前期: BC 4500–3500) – 신석기시대
: 후기(後期: BC 3500 –3000) – 동석병용시대
→ '초기 국가단계(初期國家段階)',
→ '초급 문명사회(初級文明社會)'
6 동석병용시대 소하연문화 (小河沿文化: BC 3000–2000) = 후홍산문화
7 청동기시대 하가점하층문화 (夏家店下層文化: BC 2300–1600)
→ '고급 문명사회(高級文明社會)'
8 청동기시대 하가점상층문화 (夏家店上層文化: BC 1000–300)
→ 비파형동검 출현

소하서문화, 흥륭와문화, 부하문화, 조보구문화, 홍산문화, 소하연문화의 유적지는 대부분 요하 중·상류와 대릉하 유역에 밀집되어 있다.

가장 주목받고 있는 홍산문화의 분포 범위는 북경을 지나 황하문명 북부 지역까지지만, 요서 지역에 집중적으로 분포하고 있다. 홍산문화 유적이 가장 밀집된 내몽고 동부의 중심도시인 적봉시의 경우, ① 2011년을 기준으로 홍산문화

〈자료 8〉 요하문명의 중요 신석기·청동기시대 고고학문화 최초 발견지[7]

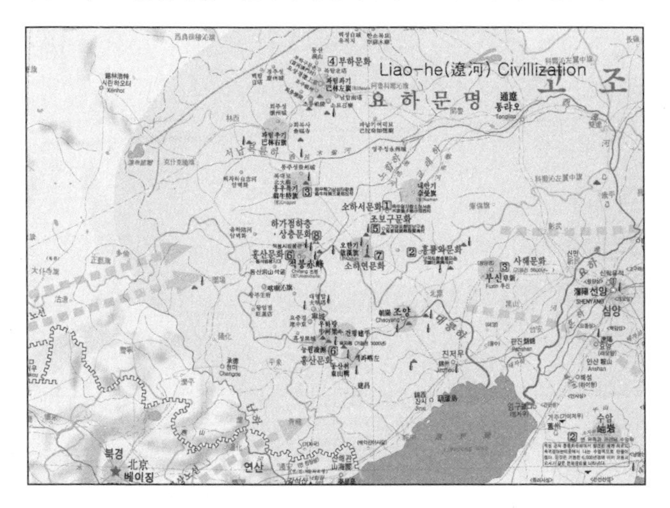

유적지 총 1,000여 곳 가운데 적봉시 경내에만 725곳(약 72퍼센트)이 있으며, ② 그 가운데 적봉시 오한기에만 1,000여 곳 가운데 292곳(약 29퍼센트)이 밀집되어 있다.[8] 이런 중요성 때문에 오한기를 ① '요하문명의 기원지'이자, ② '중화 오천 년 문명의 기원지 가운데 하나'로 본다.[9]

〈자료 9〉 요하문명 지역 주요 신석기-청동기문화 유적지 분포 지역[10]

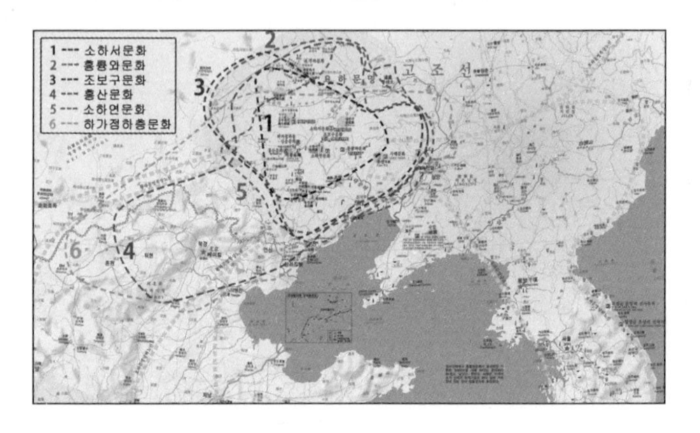

요하문명의 기본적 성격

요하문명 지역에서는 이른 신석기시대부터 많은 옥기(玉器)들이 발견되는데, 흥륭와문화에서 시작되어 홍산문화에서 꽃을 피운다. 옥기문화와 관련하여, 중국의 곽대순과 대만의 양미리(楊美莉) 등은 발달된 옥기문화가 서요하 유역에서 기원한 것은 이 지역의 세석기(細石器)문화 전통과 직접적으로 연관된다고 본다.[11] 그런데 이런 옥기문화를 낳은 세석기문화는 황하문명 지역에서는 거의 발견되지 않으며, '시베리아 남부→만주→한반도'로 이어지는 북방문화 계통이다.

요하문명 지역에서 시작된 옥기문화는 중국 내륙과도 연

결된다. ① 서남방으로는 신석기시대 양저문화, 용산문화(龍山文化), 대문구문화, 능가탄문화 등과 연결되고, ② 조금 늦게는 요서 지역에서 이동한 상족(商族)들의 옥기문화가 상-주-춘추-전국 시대로 이어지는 것이고, ③ 한반도와 일본으로도 이어진다. 이런 정황은 흥륭와문화에서 최초로 발견되는 옥결(玉玦)이나 홍산문화에서 최초로 발견되는 각종 옥벽(玉璧) 등의 독특한 옥기의 전파-교류 관계를 통해서 살펴볼 수 있다(〈자료 23〉 참조).[12]

요하문명은 중석기시대 세석기문화의 후속으로 발달된 옥기문화를 바탕으로 한 문명으로, 황하문명과는 이질적인 전형적인 북방문화 계통이다. 특히 요하문명 지역에서 보이는 ① 옥기문화의 원류인 세석기문화, ② 소하서문화에서부터 발견되는 빗살무늬토기, ③ 흥륭와문화 시기에 시작되어 홍산문화에서 대표적 묘제가 된 각종 적석묘, ④ 청동기시대 하가점하층문화에서 보이기 시작하는 '치(雉)를 갖춘 석성(石城)', ⑤ 청동기시대 하가점상층문화부터 발견되는 비파형동검 등은 같은 시기의 황하문명 지역에서는 발견되지 않는다. 대부분은 '시베리아 남단→몽골 초원→만주 지역→한반도→일본'으로 이어지는 전형적인 북방문화 계통과 연결되는 것이다.

홍산문화의 기본적 성격

'요하문명의 꽃'이라고 할 수 있는 홍산문화는 동북아시아 상고사와 관련된 새로운 시각을 제공한다. 홍산문화에 대해 개괄적으로 소개하면 다음과 같다.

첫째, 홍산문화 단계에서는 이미 발달된 농경사회로 접어든다. 홍산문화 시기는 농업 위주이면서 수렵과 목축을 겸하는 사회였다.

둘째, 동북아시아에서 최초로 '계단식 적석총'이 나타나며, 다양한 형태의 적석총을 주된 묘제로 하고 있다. 동북아시아 최초의 적석묘인 '토광적석묘(土壙積石墓)'와 '석관적석묘(石棺積石墓)'는 흥륭와문화 유적지에서부터 이미 나온다. 그러나 흥륭와문화의 대표적인 묘제가 되지는 못했다. 적석묘 가운데 가장 발달한 양식이라고 할 수 있는 '계단식 적석총'을 비롯한 각종 적석묘는 홍산문화 시기에 모두 보이며, 보편적인 묘제가 된다. 같은 시기 황하문명 지역에서는 발견되지 않는 것이다.

흥륭와문화 시기에 시작된 적석총문화는 홍산문화 시기에 보편화되었다. 그 후에 요동, 요서를 포함한 만주 일대의 청동기시대와 철기시대의 묘제로 이어진다. 후에는 고구려·백제·가야·신라·일본의 묘제로 연결되는 것이다.

셋째, 홍산문화 후기 유적 가운데 가장 주목받고 있는 우하량유지는 기원전 3500년경에 조성된 것으로, 탄소14 연대 측정 이후 나이테 교정을 거친 절대연대는 기원전 3779-3517년이다.[13] 이곳에서는 이미 ① 인간 실물의 1배, 2배, 3배의 여신을 모신 여신사당인 여신전(女神殿), ② 직경이 22미터에 이르는 3층 원형 천단(天壇), ③ 밑변이 20-30미터에 이르는 거대한 3층 계단식 적석총 등을 갖춘 '초기 국가단계' '고국(古國) 단계' '초기 문명단계'에 진입한다. 또한 밑변이 20-30미터에 이르는 크기의 적석총은 1명의 '지고무상(至高無上)한 존재' '왕의 신분(王者身分)'에 상응하는 인물이 이미 출현했음을 보여준다. 이것은 '신분의 등급 분화'와 '예제(禮制)의 조기(早期) 형태'가 이미 제도화했음을 나타낸다. 신상(神像)들은 인간 실물의 1-3배까지 층차(層次)를 보이며 '주신(主神)'이 이미 출현했음을 보여준다.

넷째, 홍산문화의 '초기 국가단계' '초기 문명단계' 논의와 관련하여, 중국 학자들 가운데는 신석기시대와 청동기시대 사이에 옥기시대(玉器時代)를 새롭게 설정해야 한다고 주장하는 학자들이 많다. 서구와 달리 동북아시아에서는 청동기시대 이전인 옥기시대에 '초기 국가단계' '초기 문명단계'에 진입한다는 것이다. 이것은 청동기나 문자가 없이도 문명단계, 국가단계에 진입한 세계적인 사례가 많다는 것을 바탕으로, 옥기시대인 홍산문화 후기에 '초기 국가단계' '초기 문명단계'에 진입했다고 보는 시각이다.

다섯째, 홍산문화 후기에는 황하문명의 중심지인 앙소(仰韶)문화 지역에서 유입된 채도(彩陶)문화와 합쳐진다.

여섯째, 홍산문화 후기의 우하량유지에서는 동북아시아에서 가장 이른 시기에 만들어진 동(銅) 제품 중의 하나인 순동(純銅)으로 만든 '동 귀걸이'가 발견되었다.

일곱째, 홍산문화에서는 다양한 형태의 옥기가 매우 많이 발굴된다. 신분에 따라 하나의 무덤에서 많게는 20개의 옥기가 부장품으로 나온다. 이를 통해 홍산문화 시대에는 권력이 분리되고 신분이 나누어진 사회라는 것을 알 수 있다.

현재 학자들은 홍산문화 후기 단계에서는 옥기를 전문적으로 만드는 옥장인(玉匠人)이 직업적으로 분화되어 있었고, 최소한 6-7등급의 신분으로 나뉘었다고 본다. 필자는 홍산문화 시기에 거대한 적석총과 천단 등을 설계하고 만드는 석장인(石匠人)도 직업적으로 분화되었다고 본다.

여덟째, 홍산문화 후기의 많은 무덤에서는 남녀 한쌍이 합장된 적석석관묘가 여러 개 보여서, 일부일처제(一夫一妻制)가 이미 확립되었을 가능성이 매우 높다고 본다.

아홉째, 홍산인들은 인공적으로 두개골을 변형시키는 '편두(偏頭)' 관습을 지니고 있었다. 홍산문화 후기의 우하량유지에서 발견된 남녀 두개골 총 17개 가운데 76.47퍼센트에 달하는 13개의 남녀 두개골이 '두개골 변형'이 이루어진 '편두'이다.[14] 남녀가 보편적으로 편두를 했음을 알 수 있다. 편두 전통은 상(商)·흉노·진한·변한·가야·신라·일본 등으로 이어진다.

요하문명 지역 신석기시대 유적 분포[15]

첫째, 내몽고자치구 동부 지역의 경우 대부분 요하문명 신석기-청동기시대 유적이 적봉을 중심으로 한 대흥안령 동부 지역에 밀집되어 있다. 특히 적봉시 오한기 일대에 밀집되어 있다.

둘째, 요녕성의 경우 조양시 지역에 신석기-청동기시대 유적이 밀집되어 있다. 예를 들어 요녕성 전체에서 현재까지 발견된 신석기시대 유적 250곳 가운데 71곳, 청동기시대 유적 3,250곳 가운데 1,858곳이 조양시 경내에 있다.[16]

셋째, 적봉-오한기-부신-조양-능원-건평 등으로 이어지는 공간이 요하문명의 중심지라고 할 수 있다. 특히 내몽고 적봉시 오한기를 중심으로 한 지역의 밀집도는 타의 추종을 불허할 정도다. 구체적으로 내몽고 동부 지역과 요녕성 지역

〈자료 10〉 내몽고 동부와 요녕성 지역 신석기시대 유적 분포도[17]

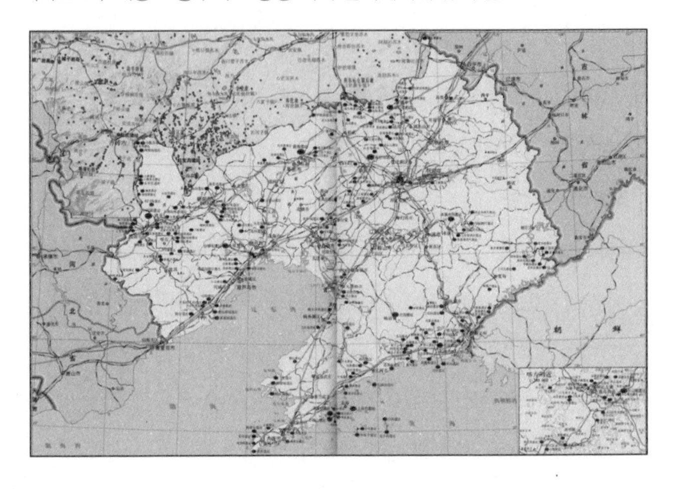

의 신석기 유적지 분포도부터 보면 〈자료 10〉과 같다.

위의 자료는 '내몽고 동부 지역의 신석기시대 유적 분포도'와 '요녕성 지역의 신석기시대 유적 분포도'를 필자가 합성한 것이다. 내몽고의 경우에는 신석기시대 유적지가 많아서 요녕성과 비교해서 상대적으로 작은 점으로 유적지를 표시했다. 이는 뒤에서 보게 될 청동기시대 유적지 분포의 경우도 마찬가지다. 이런 점을 고려해보면 적봉-오한기-조양 지역이 신석기시대의 중심지 가운데 하나임을 한눈에 볼 수 있다.

요하문명 지역 청동기시대 유적 분포

'내몽고 동부 지역의 청동기 유적 분포도'와 '요녕성 지역의 청동기시대 유적 분포도'를 합성해 놓으니 오한기 일대의 청동기 유적지 밀집도는 압도적이었다(〈자료11〉 참조).

'요하문명 지역 청동기시대 유적지 분포도'를 보면, ① 내몽고 적봉시 일대와 특히 오한기 지역, ② 요녕성 조양, 건평, 능원 지역 등을 중심으로 청동기시대 유적이 매우 밀집되어 있음을 확인할 수 있다. 자료를 보면, 내몽고 지역은 유적 수가 많아서 점의 크기 자체가 작다. 만일 요녕성과 같은 크기의 점으로 표시했다면 오한기 지역은 전체가 점으로 덮였을 것이다.

좀 더 많은 연구가 필요한 상황이지만, 필자는 단군조선의 토대가 되는 초기 청동기문화의 중심지가 적봉-오한기-조양 지역일 가능성이 크다고 본다. 특히 오한기 부분은 그 밀집도에서 타의 추종을 불허한다. 이런 점은 문헌 사료만으로는 알 수 없다.

〈자료 11〉 내몽고 동부와 요녕성 지역 청동기시대 유적 분포도[18]

1. 전체

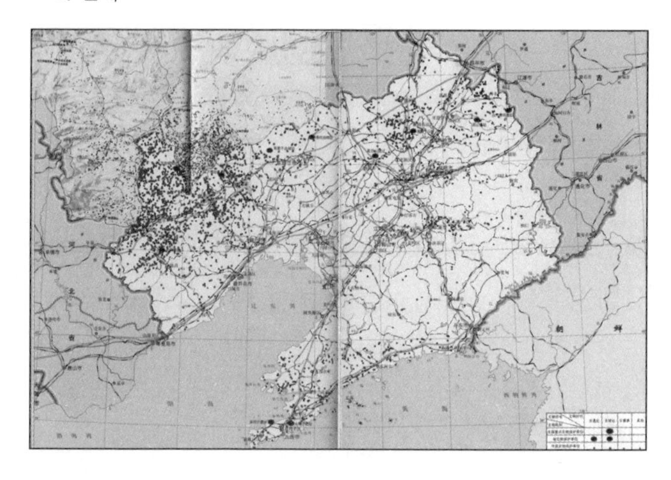

2. 적봉-오한기-조양 일대 확대

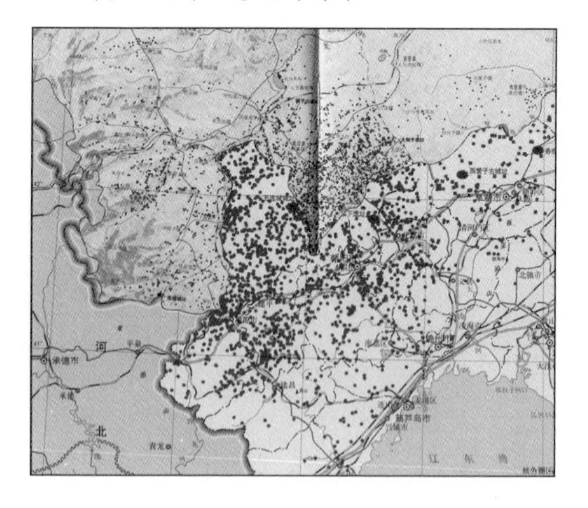

요하문명 당시의 지리-기후 조건

요하문명 지역은 사방이 산지로 둘러싸인 분지 지역으로 현재는 한가운데에 과이심사지가 있다. 그러나 요하문명이 꽃 피던 시기에는, ① '동아시아 계절풍(=태풍)'이 만주 지역까지 올라왔었고, ② 물도 풍부하고 기온도 높았으며 습도도 높아서 사람이 살기 좋은 지역으로, ③ 현재 한반도 중부 지역과 비슷한 기후 조건으로 문명이 꽃피기에 더없이 좋은 곳이었다(〈자료 12, 13〉 참조).[19]

〈자료 12〉 동아시아 계절풍(=태풍) 북방한계선의 변화[20]

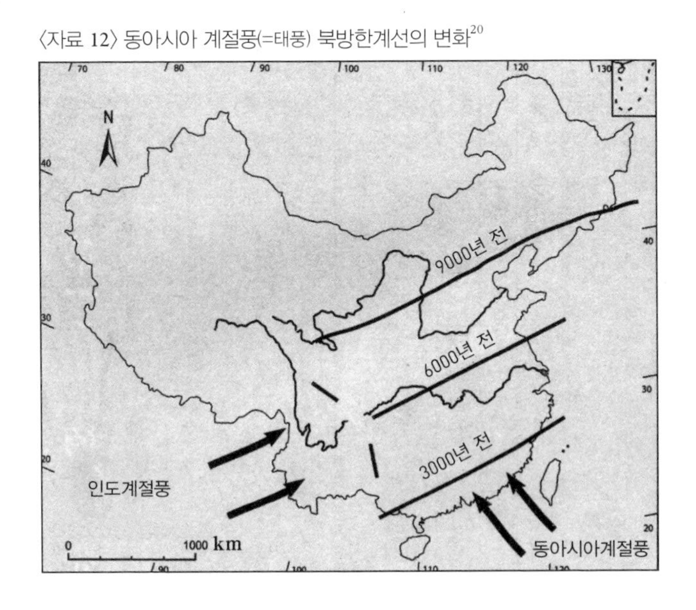

〈자료 13〉 과거 1만 년 동안의 요녕성 남부 지역의 기후 조건의 변화 종합[21]

* 해수면과 연평균 기온에서 짙은 선이 현재의 것이고, 건조 정도에서는 1보다 크면 건조한 기후 1보다 작으면 습한 기후를 나타낸다.

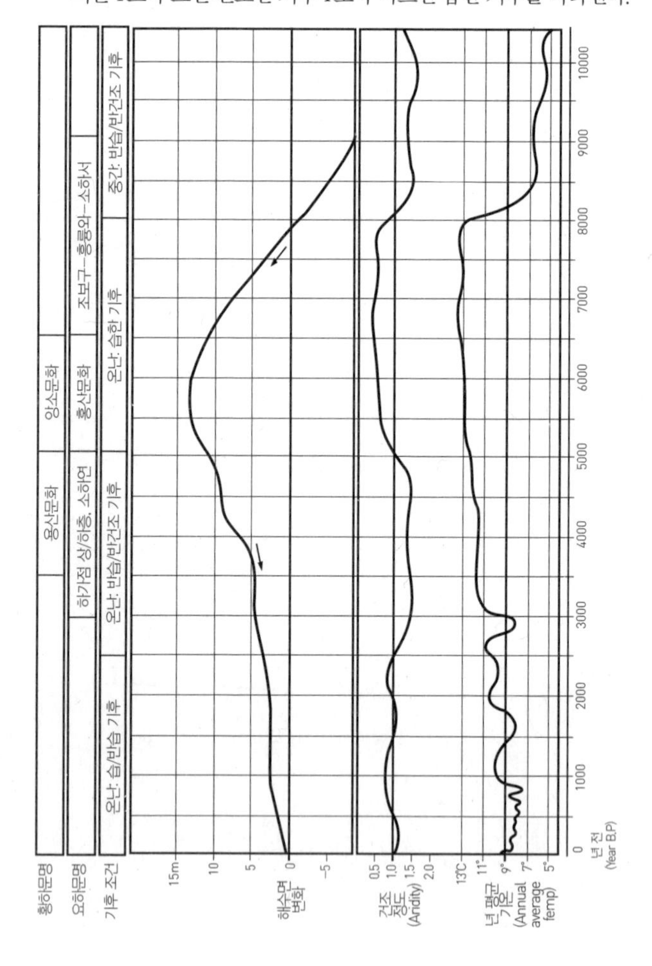

3. 중국 학계의 상고사 재편 움직임

중국의 국가 주도의 역사 관련 공정과 상고사의 재편

요하문명이 새롭게 발견되면서 중국 학계에서는 그 주도 세력에 대해서, ① 초기에는 동이족 가운데서도 조이(鳥夷) 부락 집단이 건설한 '동이족의 문명'이라는 이민(李民)의 논문이 있었으나 단 한 편에 그치고, ② 이후에는 중화민족의 신화적 시조라는 황제(黃帝) 부락 집단이 건설한 '황제족의 문명'이라는 논리가 정립되어 간다.

요하문명이 황제족의 문명이라는 기본적인 시각을 확립한 중국 학계에서는 1996년부터, ① 요하문명 지역을 신화 시절부터 중국인의 시조라는 황제족의 영역 안에 넣고, ② 요하문명의 가장 중요한 고고학문화인 홍산문화 후기에는 이미 '초기 문명단계' 혹은 '초기 국가단계'에 진입한 '중화문명의 시발점'으로 끌어들이기 위해 다양한 형태로 국가 차원의 역사 관련 공정(工程: 프로젝트)이 본격적으로 진행되었고, 현재도 진행 중에 있다.

중국에서는 이미 여러 국가 주도의 역사 공정이 있었다. 모든 역사 관련 공정의 출발점이 바로 요하문명의 발견이다. 일반인은 '고구려 역사 빼앗기' 정도로 잘못 알려진 '동북공정'만 기억하고 있을 것이다.

그러나 중국에서는 1995년 요하문명 명명 이후 1996년부터 ① 하상주단대공정(夏商周斷代工程: 1996-2000), ② 동북공정(東北工程: 2002-2007)으로 약칭되는 동북변강역사와 현상계열연구공정(東北邊疆歷史與現狀系列硏究工程), ③ 중화문명탐원공정(中華文明探源工程: 2004-2015), ④ 국사수정공정(國史修訂工程: 2010-2013) 등을 기획하고 완료했다. 현재는 ⑤ 중화문명전파(선전)공정(中華文明傳播(宣傳)工程: ?-?)이 제안되어 있는 상태이다. 이 모든 역사 관련 공정의 출발점이 바로 요하문명의 발견이다.[1]

이런 국가 차원의 역사 관련 공정을 통해서 중국 학계는 ① 요하문명의 주도 세력이 한족의 조상이라는 전설적인 황제족이고, ② 따라서 만주 일대에서 발원하는 후대의 모든 소수민족은 황제족의 후예이며, ③ 이 황제족 후예들이 이룩한 역사는 모두 중국사의 일부라는 논리를 만들어가고 있다.

결국 중국 학계는 요하문명의 발견 이후 1996년부터 이어지는 각종 역사 관련 공정을 통해서 그들의 상고사를 완전히 재편하고 있다.

중국 역사상 최초로 진행된 국가 주도 역사 공정의 주요 내용을 간단히 표로 정리하면 아래와 같다.

〈자료 14〉 요하문명 명명 이후 진행된 중국의 국가 주도의 역사 관련 공정[2]

기간	명칭	주요 내용
1996 | 2000	하상주단대공정 (夏商周斷代工程)	하나라보다 앞선 시기에 대해 논의하기 위해서 하-상-주의 존속 연대를 확정하는 공정이다. 그 결과로 확정된 연대는 아래와 같다. 1. 하(夏): BC 2070–1600 2. 상(商): BC 1600–1046 3. 주(周): BC 1046–771
2002 | 2007	동북변강역사와 현상계열연구공정 (東北邊疆歷史與現狀系列研究工程)	'동북공정'으로 약칭되며, 중국의 동북지역 국경 안에서 전개된 모든 민족의 역사를 중국의 역사로 편입하려는 것이다. 그 가운데 고구려도 들어가 있을 뿐, 고구려를 포함한 모든 소수민족의 역사를 중국사로 만드는 것이다.

2013 I 2015	중화문명탐원공정 (中華文明探源工程)	'중화문명탐원공정'은, (1) '중화문명의 근원을 탐구하는 공정'이라는 의미이며, (2) 황하문명, 요하문명, 장강문명 지역에서 출발한 초기 문명이 중원의 요(堯)임금의 왕성인 평양(平陽)으로 밝혀진 도사(陶寺)유지를 중심으로 통합되어 '최초 중국(最早中國)'을 이루었다는 '중화문명 다원일체론(中華文明多元一體論)'을 정립하고, (3) 이러한 초기 문명 지역을 신화와 전설의 시대로 알려진 '3황 5제'의 시대와 연결하는 것으로, (4) 중국사회과학원 고고연구소 소장 겸 중국고고학회 이사장인 왕외(王巍)가 총책임을 맡아 진행된 거대한 프로젝트였다.
2010 I 2013	국사수정공정 (國史修訂工程)	국사수정공정은 중국의 정사(正史) 기록인 24사(史)와 청나라의 역사를 기록한 『청사고(青史稿)』를 합친 25사의 각주 작업을 새롭게 하는 것이다. 『사기』나 『한서』 등 정사 기록들의 본문을 수정할 수 없지만, 새로운 연구와 발굴 결과를 반영하여 주석을 새롭게 다는 것이다.
준비 중	중화문명전파(선전)공정 (中華文明傳播(宣傳)工程)	중국사회과학원 고고연구소 소장, 중국고고학회 이사장, 당연직 인민대표인 왕외(王巍)가 2015년과 2016년에 전국인민대표회의에서, 앞서 진행한 여러 공정의 결과를 바탕으로 중화문명 5000년의 역사를 전 세계에 알리고자 준비 중인 공정이다.

문명단계, 국가단계에 대한 새로운 논의의 시작

기존의 중국 학계에서는 황하문명 단독기원론이 정설이었다. 광활한 중국 땅 어느 곳이든, 황하문명이 전파된 것으로 설명하는 것이 일반적인 논의였다. 그러나 장강 하류 지역과 서요하 지역에서 새로운 문명의 흔적이 발견되면서 '중화문명의 다기원론'이 자리를 잡아가고 있다.

따라서 각 지역에서 도대체 어느 시기에 문명단계, 국가단계에 도달했는지에 관한 여러 견해가 맞서고 있다. 필자가 중국 학자들의 논의를 시기가 이른 것부터 간략하게 정리하면 대체로 세 가지의 입장으로 나뉜다.[3]

첫째, 기원전 3000년을 전후한 시기에 이미 초기 문명단계, 초기 국가단계에 진입한다는 입장이 있다. 그 대표자는 중국 고고학의 대원로인 (고) 소병기 선생이었고, 곽대순, 한건업(韓建業), 여서운(余西雲), 장이(張弛) 등이 활발하게 논의를 전개하고 있다. 그리고 설지강, 전광림(田廣林), 우건설(于建設) 등등 요하문명과 홍산문화를 연구하는 학자들은 대부분 이런 견해를 따르고 있다.

이들은, ① 요하문명 지역에서는 홍산문화 후기(BC 3500-3000)에, ② 황하문명 지역에서는 묘저구문화 2기(廟底溝文化 二期: BC 2900-2800)에, ③ 장강문명의 절강성 지역에서는 양저문화(良渚文化: BC 3300-2200) 시기에 해당하는 기원전 3000년을 전후한 시기에 각 지역이 문명단계에 진입한다고 본다. 3곳 가운데 요하문명 지역이 가장 이르다. 이들은 이 시기의 국가단계를 '초기 국가단계'로 보고 '군장국가(君長國家 = Chiefdom)'를 의미하는 '추방(酋邦)'이라고 부르거나 혹은 '고국(古國)'으로 부른다.

둘째, 약 4500년 전에 문명단계, 국가단계에 진입했다고 보는 견해가 있다. 그 대표자는 고고학계의 원로인 엄문명(嚴文明) 선생이고, 하노(何駑: 도사유지 발굴 책임자), 조휘(趙輝), 조춘청(趙春青), 전요붕(錢耀鵬) 등이 활발하게 논의를 전개하고 있다.

이들은, ① 산동 지역의 용산문화 시기, ② 황하문명 지역에서 최근 발굴된 요(堯)임금의 도성인 평양(平陽)으로 밝혀진 도사(陶寺)유지, 황제의 도성으로 추정되는 석묘(石峁)유지 등의 수백만 제곱미터에 달하는 내성과 외성의 이중성 구조를 갖춘 도성(都城)이 건설되는 약 4500년 전을 전후한 시기에 문명단계, 국가단계에 진입한다고 본다. 이 시기의 국가단계를 이들은 방국(邦國 혹은 方國) 등으로 부른다.

셋째, 학계의 기존 논의대로 하(夏: BC 2070-1600)의 도성인 이리두(二里頭)유지 시기, 즉 기원전 2000년을 전후한 시기가 진정한 문명단계, 국가단계에 진입한다는 견해가 있다. 그 대표자는 고고학계의 원로 가운데 한 분인 하내(夏鼐) 선생이고, 허굉(許宏: 이리두유지 발굴 책임자), 유리(柳莉), 진성찬(陳星燦) 등이 활발하게 논의하고 있다.

이들은 진정한 국가단계를 이야기하려면 하나라 시기부터 보아야 한다는 보수적인 태도를 견지하고 있다. 이들은 하나라부터는 '많은 방국을 지닌 왕국단계'로 본다.

〈자료 15〉 문명단계 진입 시기에 대한 중국 학계의 견해 정리(필자)[4]

문명시대 진입	주요 지역	대표자	주요 학자
BC 3000년 전후	요서: 홍산문화 후기 절강: 양저문화 조기 중원: 묘저구문화 시기	소병기 (蘇秉琦)	곽대순(郭大順) 한건업(韓建業) 여서운(余西雲) 장이(張弛)
BC 2500년 전후	산동: 용산문화 유적지 중원: (1) 도사(陶寺)유지 면적 280만 제곱미터 제요도성(帝堯都城) (2) 석묘(石峁)유지 면적 425만 제곱미터 황제도성(黃帝都城)	엄문명 (嚴文明)	하노(何駑) 조휘(趙輝) 조춘청(趙春青) 전요붕(錢耀鵬)
BC 2000년 전후 (夏: BC 2070–1600)	중원: 이리두(二里頭)유적 = 하나라 도성(夏都)	하내 (夏鼐)	허굉(許宏) 유리(柳莉) 진성찬(陳星燦)

문명단계, 국가단계의 진입 시기를 둘러싼 중국 학계의 논의는 세 가지 견해가 팽팽하게 맞서고 있다. 이 논쟁에서는 문명단계나 국가단계를 어떤 기준으로 보느냐가 핵심적인 논쟁거리이다.

서구 학계의 기준대로 문자, 청동기, 도시, 절대왕권 확립 등의 모든 조건을 갖춘 것은 상(商)이지만, 현재 중국 학계에서 상나라에서 비로소 문명단계나 국가단계에 진입한다고 보는 학자들은 많지 않다. 문자나 청동기가 없는 문명도 전 세계적으로 많기 때문이다.

첫째, 기원전 3000년을 전후한 시기에 이미 초기 문명단계, 초기 국가단계에 진입한다고 보는 학자들은 문자나 청동기 없이도 절대권력이 지배하고, 신분이 여러 층으로 분화되고, 거대한 신전이 나오는 것 등의 요소를 들어 이 단계를 완벽한 문명단계, 국가단계가 아니라고 할지라도 '초기 문명단계' '초기 국가단계'라고 보아야 한다고 주장한다.

둘째, 기원전 2500년을 전후한 시기로 보는 학자들은, 이 시기에 이미 순동 제품이 발견되고 특히 거대한 성곽으로 둘러싸인 내성(內城)과 외성(外城)을 갖춘 도성에 해당하는 유적이 나온다는 점을 강조한다. ① 요임금의 도성인 평양으로 보고 있는 도사유지는 내성과 외성의 2중 구조를 갖춘 도성 유적으로 외성으로 둘러싸인 면적만 300만 제곱미터나 되며, ② 황제의 도성으로 보고 있는 석묘유지도 내성과 외성의 2중 구조의 도성 유적으로 외성으로 둘러싸인 면적만 425만 제곱미터나 된다.

셋째, 기원전 2000년을 전후한 하나라 시기로 보는 학자들은, 기존의 상대적으로 보수적인 견해를 그대로 견지하는 학자들이다. 흔히 말하는 하-상-주 3대부터 진정한 국가단계에 진입한다는 것이다.

국가 발전단계별 명칭

국가단계의 진입 시기에 대해서는 앞서 설명한 세 가지의 견해가 공존하며 논쟁을 한다. 그러나 각 입장마다 '국가'라고 부르는 단계의 수준이 다르고, 명칭도 단계별로 고국, 추방, 방국, 왕국, 제국(帝國) 등이 다양한 수준에서 사용된다. 학자들 사이에 사용되는 이들 용어가 발전단계에 따라 서로 통일되지 않아서 매우 혼란스럽다.

중국 현대 고고학의 대부인 (고) 소병기와, 하나라의 도성인 이리두유지 발굴 책임자 허굉의 논의를 바탕으로 정리하면 〈자료 16〉과 같다.

필자는 허굉의 논리가 설득력이 있다고 보고 이 설을 지지한다. 필자 나름대로 허굉의 논리를 바탕으로 다른 이들의 논의를 종합화해서 국가단계를 정리하면 아래와 같다.

첫째, 홍산문화 후기, 묘저구문화 2기, 양저문화 조기 등은 고국(古國) 혹은 추방(酋邦=군장사회=군장국가=Chiefdom) 단계로 볼 수 있다. 소병기의 논의처럼 이 단계의 "고국은 부락 이상의 높은 단계로, 안정적이고 독립적인 정치실체를 지칭한다." 이 단계를 류국상 등 홍산문화 전문가들은 '초기 국가단계' 혹은 '초기 문명단계'라고 본다.

〈자료 16〉 국가 발전단계 정리(필자)[5]

학자	요서: 홍산문화 후기 절강: 양저문화 조기 중원: 묘저구문화 시기	중원: 도사유지, 석묘유적	요서: 하가점하 층문화	하-상- 주-춘추- 전국	진나라 이후
소병기 (蘇秉基)	고국(古國) "고국은 부락 이상의 높은 단계로, 안정적이고 독립적인 정체 실체를 지칭한다."		방국(方國)		제국 (帝國)
허굉 (許宏)	추방(酋邦 =군장사회 =군장국가 =Chiefdom	많은 방국(邦國=方國) '성터가 숲을 이루듯이 많았다(城址林立)' '소국과민(小國寡民)'		왕국(王國) + 많은 방국 '광역 왕권 국가'	제국 (帝國) + 많은 제후국

둘째, 하가점하층문화, 도사유지, 석묘유지 등은 '많은 방국'들이 공존하는 단계로 볼 수 있다. 아직은 어느 하나가 절대적인 권력을 행사하지 못하고 병립하는 단계이다. 방국은 '도성이 숲을 이루듯이 많은 상태(城址林立)'이다.

셋째, 하-상-주-춘추-전국 시기는 '왕국 + 주변의 많은 방국'의 단계로, 많은 방국을 거느리고 절대적인 권력을 장악한 '광역 왕권국가'가 탄생한 단계이다.

넷째, 진나라의 통일 이후에서 많은 제후국을 거느린 거대 제국이 출현한다.

4. 요하문명과 한반도의 연관성

요하문명의 발견 이후 중국 학계에서는 동북아시아의 상고사를 전면적으로 재편하고 있다. 특히 요하문명을 한족의 조상이라는 황제족의 영역으로 삼아, 만주 일대를 신화 시대부터 중국사의 판도에 넣고 있다.

중국 학자들이 새롭게 발견된 요하문명과 그들의 상고사와의 연결 가능성을 연구하는 것은 어쩌면 당연하다. 문제는 만주 일대의 요하문명을 주도한 세력을 한족의 조상이라는 황제족으로 끌고 가려는 일방적인 시각이다. 이런 중국 학계의 시각에 대해서 한국 학계가 적절히 대응하지 않는다면, ① 예맥·고조선·부여·발해 등과 연결되는 한민족의 조상들은 모두 황제족의 후예가 되는 것이고, ② 이들이 이룩한 역사는 모두 중국사의 일부가 된다는 것을 분명하게 기억해야 한다.

아래에서는 새롭게 발견된 요하문명의 시기별 고고학문화와 한반도의 연관성에 대해서 살펴보기로 한다. 이런 연결고리에 대한 심층적인 연구를 통해서 요하문명이 한반도와 연결된다는 우리 학계의 시각이 정립되어야 한다. 그렇지 않으면 한반도를 배제한 중국 학계의 시각이 전 세계에 전파·확산되는 것은 불 보듯 뻔하기 때문이다.

소하서문화와 한반도

소하서문화는 1987년 중국사회과학원 고고연구소 내몽고공작대가 노합하(老哈河)의 상류 지역인 오한기 맹극하(孟克河) 좌측 목두영자향(木頭營子鄉) 소하서촌(小河西村)에서 소하서유지를 처음 발굴하면서 정식으로 명명되었다.[1]

2014년 현재까지 소하서문화에 속하는 유적지가 약 39곳이 발견되었으며, 이 가운데 오한기 안에서 발견된 것이 22곳이다.[2] 2017년 현재는 이미 40곳이 넘었다.[3]

소하서문화에서는 '최초의 빗살무늬토기'가 발견된다. 기존에는 빗살무늬토기가 흥륭와문화에서부터 시작되었다고 알려졌다. 그러나 소하서문화 시기에 이미 단사선문(短斜线)으로 알려진 빗살무늬토기가 많이 보인다. 흥륭와문화의 빗살무늬토기는 주로 격자문(格子紋)인데, 소하서문화의 빗살무늬토기는 격자문은 없고 평행한 단사선문을 한 방향으로만 그리거나 물결모양으로 그린 것만 보인다.

소하서문화 토기를 정리하면 ①'모래가 섞인 협사토기(夹砂陶)'가 주를 이루는데, ② 가장 전형적인 것은 무늬가 없는 것이며, ③ 흥륭와문화 토기보다 1.5배 정도 두껍다. ④ 부가퇴문, 와점문, 엽맥문, 단사선문, 지갑문 등이 있고, ⑤ 연속된 단사선문의 토기가 바로 '최초의 빗살무늬토기'다.

한반도 초기 신석기시대 유적인 강원도 고성군의 문암리 유적(BC 6000-3000)과 오산리유적(BC 6000-4500)에서 발굴된 빗살무늬토기와 비교하면 거의 차이가 없을 정도다. 뒤에서 소개하겠지만, 문암리유적에서는 흥륭와문화에서 발견된 '세계 최초의 옥결(옥 귀걸이)'과 같은 모양의 옥결도 이미 발견되었다.

이러한 정황은 한반도 북부의 초기 신석기문화와 요하문명의 신석기문화가 어떤 식으로든 연결되어 있다는 것을 보여주는 것이다. 이에 대해서는 한국 고고학자들의 좀 더 세밀한 연구가 필요하다고 본다.

〈자료 17〉 적봉대학 박물관에 수집된 다양한 소하서문화 토기 파편(2014.9.25 필자 답사 사진)

* 아래 사진의 왼쪽 위에 보이는 '무늬가 없이 흙 띠를 덧댄 부가퇴문(附加堆紋)' 토기가 전형적인 것이다.
* 기타 점을 찍은 와점문 토기, 전형적인 빗살무늬토기를 확인할 수 있다.

〈자료 18〉 소하서문화 토기와 흥륭와문화 토기 비교(2014.9.22 필자 답사 사진)

1. 소하서문화 토기(좌), 흥륭와문화 토기(우)

* 바닥에 놓인 것의 좌측, 손에 든 것의 좌측이 소하서문화 토기이고, 우측 것은 흥륭와문화 토기이다.

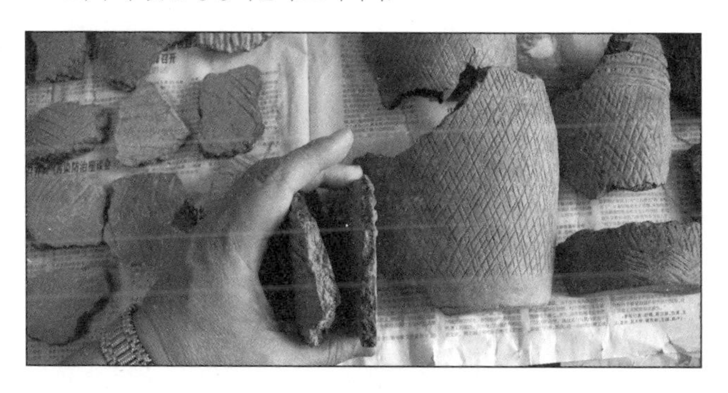

2. 소하서문화 토기(좌), 흥륭와문화 토기(우)

* 위의 사진에서 손에 들었던 것을 내려놓은 것이다. 외형은 거의 흡사하지만, 소하서문화 토기가 훨씬 두껍고 단사선문만 있을 뿐 격자문이 없다.

〈자료 19〉 강원도 문암리유적과 오산리유적 토기의 문양

1. 문암리유적[4]

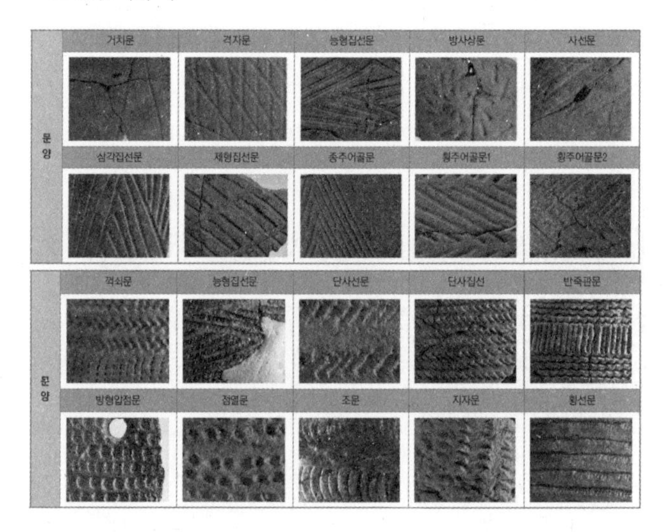

2. 오산리유적

흥륭와문화와 한반도

흥륭와문화는 1982년 내몽고 적봉시 오한기 보국토향(寶國土鄕) 흥륭와촌 흥륭와유지에서 최초로 발견되었고, 1983-1993년 10년 동안 6차례의 발굴이 이루어졌다.[5]

1983년에 흥륭와유지가 처음으로 발굴되었고, 1985년에 흥륭와문화로 정식으로 명명되었다. 2001년부터 다시 대대적인 발굴이 이루어졌다.[6]

흥륭와문화의 분포 범위는 적봉시 오한기를 중심으로 사방으로 확대된다. ① 서랍목륜하, 대릉하, 소릉하 유역에 비교적 집중되었으며, ② 남쪽으로는 발해만 지역에 이른다(〈자료 9〉 참조).[7]

흥륭와문화에서는 ① 세계 최초의 옥결, ② 세계 최초의 재배종 기장(黍)과 조(粟), ③ 세계 최초의 치아 수술 흔적, ④ 600-700명이 거주한 동북아시아 최초의 환호취락(環濠聚落), ⑤ 동북아시아 최초의 적석묘, ⑥ 동북아시아 최초의 석인상(石人像) 등이 발견되었다.[8] 아래에서는 한반도와 직결되는 옥결과 적석묘에 대해서만 살펴보기로 한다.

세계 최초의 '옥 귀걸이'인 옥결과 한반도

둥근 원형의 고리 한쪽이 터져 있는 귀걸이의 일종인 옥결은 결상이식(玦狀耳飾)의 일종이다. 결상이식은 옥, 활석, 돌 등 여러 가지 재질로 만들 수 있다. 엄밀한 의미에서 옥결이란 '옥으로 만든 결상이식'이라고 할 수 있다.

활석이나 돌로 만든 것은 보통 석결(石玦)이라고 구분하기도 한다. 흥륭와문화 각 유적에서는 '세계 최초의 옥 귀걸이'인 옥결이 발견되며, 옥결을 포함한 100여 점의 옥기가 발견되었다.

흥륭와문화 흥륭와유지에서 발견된 '세계 최초의 옥결'은 놀랍게도 흥륭와유지가 발견된 오한기 흥륭와촌에서 직선거리로 약 450킬로미터 가량 떨어진 요동반도 남단 수암현(岫岩縣)에서 생산되는 수암옥(岫岩玉)으로 만들어졌다.

〈자료 20〉 '세계 최초의 옥 귀걸이'인 옥결 발굴 모습과 착용 방법(오한기박물관 자료)

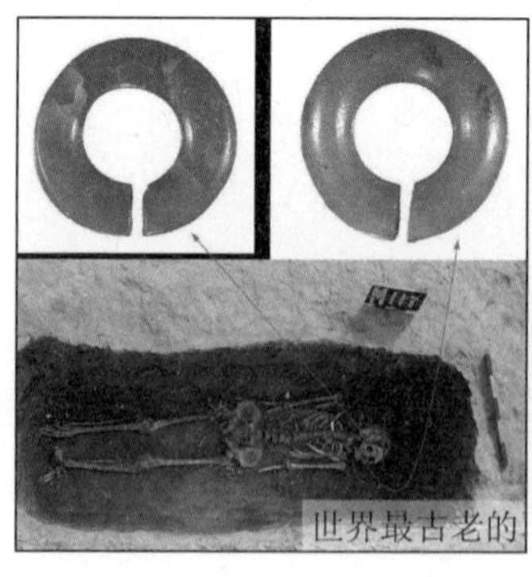

〈자료 21〉 흥륭와문화 흥륭와유지(②)와 수암현(우측 하단)의 위치[9]

* 좌측 상단 '② 흥륭와문화'로 표기한 곳이 흥륭와유지의 위치이고, 우측 하단의 '②번 유적과 관련된 수암옥'이라고 표기한 곳이 수암옥이 나는 수암현으로 압록강과도 멀지 않다.

450킬로미터는 서울에서 부산까지의 거리와 비슷하다.

옥결은 신석기시대 초기부터 한반도에서도 많이 발견된다. 남한에서 발견되는 옥기들은 동해안, 남해안과 서해안 일부 지역에서 출토되며, 주로 동해안과 남해안 지역에서 많이 발견된다.[10]

남한의 신석기시대 옥결은 현재까지 13곳에서 14점이 출토되었다. 연대는 ① 대부분 신석기시대 조기(BC 6000-4500)

에 해당하는 것이고, ② 울산 처용리유적의 것은 신석기시대 전기(BC 4500-3500)의 전반부, ③ 신암리유적의 것은 전기 중엽으로 보며, ④ 용담동, 사동리, 웅기만유적의 것은 판단을 유보하고 있다.[11] 결상이식 자체가 신석기시대를 대표하는 유물이므로, 판단이 유보된 것도 신석기시대의 것일 가능성이 높다.

한국 동해안의 문암리유적(사적 제426호)에서 출토된 옥결은 유적의 하층에서 발견된 것으로 흥륭와문화와 유사한 시기인 기원전 6000-5000년경으로 보인다. 발굴보고서에 의하면 문암리유적은 조기(BC 10000-6000)와 중기(BC 3500-2500)에 걸쳐 있다.[12] 토기의 문양이나 출토 유물도 모두 소하서문화나 흥륭와문화의 것과 유사하다. 현재까지는 대부분 기원전 5000년경으로 보았지만, 최근 동경대 연구팀의 연구에 의하면 '02-7호 주거지'에서 발굴된 '토기 안쪽에 부착된 탄화물'의 교정 연대가 기원전 5620-5480년으로 나왔다.[13] 그렇다면 문암리유적 옥결은 흥륭와문화 옥결에 비해 약간의 시차가 있을 뿐 거의 같은 시대의 것이다. 옥결을 포함한 결상이식의 기원, 분포, 전파 등에 대해서 정리하면 다음과 같다.

첫째, 동아시아 결상이식의 기원지는 요서지역 흥륭와문화 지역이다.

둘째, 가장 이른 시기에 ① 중국의 동해연안, ② 한반도, ③ 연해주, 일본 북부 지역으로 전파된다.

셋째, 중국 쪽으로는 중국의 동해연안을 따라 시기별로 베트남 지역까지 남하하는 것이 기본적인 흐름이다. 중국의 동해연안을 따라 남하하면서 시기별로 강을 따라 내륙으로 전파된다. 따라서 중국의 내륙에서 발견되는 옥결들은 해안 지역보다 대부분 늦다.

넷째, ① 한반도 남부에서 일본으로, ② 장강 하류에서 일본으로 연결되는 해양 루트를 상정할 수 있다.

다섯째, 황해를 좌우로 감싼 지역은 가장 이른 시기부터 옥결을 포함한 결상이식을 공유한 문화권이었고, 고대로부터 동이문화권이라고 부르는 지역과 거의 일치함을 알 수 있다.

여섯째, 결상이식의 분포는 요하문명과 한반도의 관계를 연구해야 할 필요성이 있다는 것을 웅변하고 있다.

〈자료 22〉 남한 출토 신석기시대 결상이식 출토 현황과 형태[14]

1. 결상이식 출토 현황

* 동해안의 사동리와 문암리를 제외하면 모두 남해안과 제주도 지역이다.

* 신석기시대 조기: BC 6000-4500년, 전기: BC 4500-3500년, 중기:

BC 3500-2700년

* 하인수는 문암리유적 옥결을 신석기시대 조기 중엽으로 보았지만, 시기가 더 올라갈 수 있다.

* ( )안의 숫자는 복원 크기

NO	유적명	유구	규격(cm)				재질	시기
			직경	두께	中心孔	輪幅		
1	동삼동패총	4층	2.8x2.6(3.6)	1.3	1.4	0.8~1.2	석영	조기
2	문암리유적	02-3호묘	3.6x3.6	0.65	1	1.2~1.4	납석	조기 중엽
			3.4x4	0.7	1.2	1~1.4	?	
3	안도패총	1층	2.9x3	0.7	1.4	0.9	옥수	조기 전엽
4	처용리유적	Ⅱ-1호분묘	2.7x3	0.35~0.95	2	1.1	?	전기 초
5	선진리유적	Ⅳ층	4.4x4	1.2	2	1.1~1.5	연옥?	조기 말
6	사촌리유적	포함층	2.9x2(3.2)	0.6	(0.6)	0.9~1.2	?	조기?
7	제주고산리	포함층	3.2x3.7(4.2)	0.58	0.8	0.9~1.5	?	조기
8	삼양동유적	포함층	3.8(5.8)	1	(3)	1.3	활석(납석)	조기
9	도두동유적	4호수혈	2.4x1.2	0.4	?	?	?	조기
10	용담동유적	포함층	?	?	?	?	?	?
11	사동리유적	포함층	(4.9)	0.4		1.5	?	?
12	웅기만	패총	?	?	?	?	?	?
13	신암리유적(부경문물연구원)	포함층	(5~5.5)				?	조기 중엽

2. 출토된 결상이식 형태와 문암리유적 출토 옥결 한 쌍의 사진

1. 동삼동 2. 안도 3. 용담동 4. 고산리 5. 처용리 6. 삼양동(삼화지구) 7. 도두동 8. 사동리 9. 사촌리 10. 선진리 11-12. 문암리

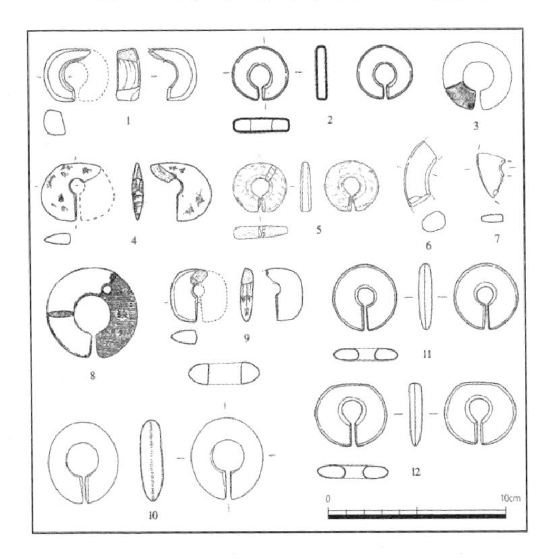

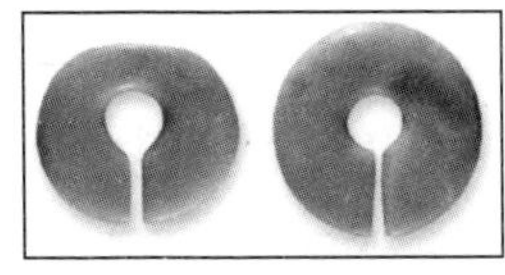

〈자료 23〉 동북아시아 결상이식의 전파와 분포 범위[15]

* 완전히 일치하진 않지만 대부분 번호가 빠를수록 오래된 유적지다.
* 8000년 전: 1. 흥륭와문화 사해유지 2. 흥륭와문화 흥륭구유지
* 7000년 전: 4. 하북성 7. 러시아 연해주 8. 한국 문암리유적 9. 일본 북해도 10. 일본 복정(福井) 11. 절강성 하모도(河姆渡)유지
* 6000년 전: 3. 천진시 5. 흑룡강성 12. 상해시 16. 중경시 대계(大溪)유지 19. 복건성
* 5000년 전: 13. 강소성 14. 안휘성 능가탄(凌家灘)유지 15. 호북성 17. 호남성 18. 강서성 20. 광동성
* 4500년 전: 26. 산서성 도사(陶寺)유지
* 4000년 전: 6. 길림성 21. 홍콩 22. 오문(澳門) 23. 대만 24. 필리핀 25. 베트남
* 3800년 전: 28. 하남성
* 3500년 전: 27. 산동성
* 2800년 전: 29. 감숙성 30. 섬서성
* 2600년 전: 33. 광서성
* 2400년 전: 32. 운남성
* 2000년 전: 31. 귀주성

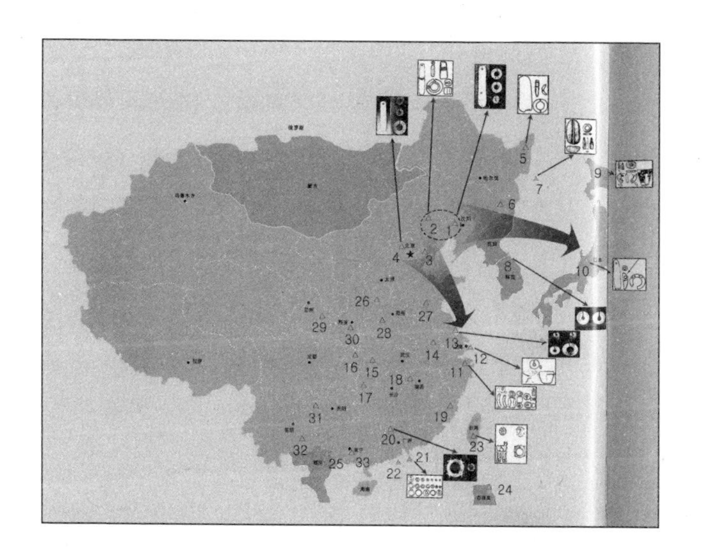

동북아 최초의 적석묘와 한반도

돌을 쌓아 만드는 적석묘는 토광적석묘, 석관적석묘, 계단식 적석총으로 발전해간다. 그런데 토광적석묘와 석관적석묘는 흥륭와문화에서 최초로 보이고, 가장 발전된 '계단식 적석총'은 홍산문화 시기에 시작된다. 그러나 이 시기에 중원의 황하문명 지역에서는 발견되지 않는다.

몽골 지역에서는 기원전 2000년을 전후한 시기에 독특한 형태의 적석묘인 히르기수르가 나타나고, 스키타이시대에는 '목곽+적석묘' 형태의 '적석목곽묘(積石木槨墓)' 등도 나타난다. 하지만 기본적으로 모두 적석묘를 기본으로 한 시대별·

지역별 변형에 지나지 않는다.

요하문명의 흥륭와문화 시기에 최초로 등장하는 다양한 적석묘는 홍산문화 시기에 대표적인 묘제로 자리 잡고, ① 서로는 몽골 초원과 중앙아시아로, ② 동으로는 요동반도와 한반도 지역으로 시대와 지역에 따라 다양한 형태로 변형되며 이어지고 있다.

정리하면, 다양한 적석묘는 ① 요하문명 흥륭와문하 시기에 기원하여, ② 홍산문화 시기에는 '3층 계단식 적석총'으로 발전한다. ③ 후대에는 몽골 초원과 중앙아시아 지역의 청동기시대부터 스키타이시대 무덤과 흉노, 돌궐 등의 묘제로 이어지며, ④ 하가점하층문화, 하가점상층문화를 거쳐서 고조선·고구려·백제·가야·신라·일본 지역까지 이어지는 것이다.

〈자료 24〉 흥륭와문화 백음장한유지 I 묘장군 5호묘(M5) '석관적석묘'[16]

* M5의 경우 덮개돌이 있었고 그 위에 적석을 한 것으로 보이며, '석관 + 덮개돌 + 적석 + 주위의 석환(石環)' 형태였다고 본다.

1. 발견 당시 모습

2. 가운데 석관묘가 드러난 상태

3. 석관 내부 모습

〈자료 25〉 흥륭와문화 백음장한유지 I 묘장군 2호묘(M2) '토광적석묘'[17]

* M2는 남녀 합장묘로 '토광 + 적석'형태이다.

1. 외부 모습 2. 내부 묘광 모습

석관묘, 석곽묘, 적석석관묘, 계단식 적석총, 고인돌무덤 등 돌무덤 계통은 소위 말하는 중원 지역 황하문명의 중심 지역에서는 발견되지 않는다. 담옥화(譚玉華)는 중국의 북방 지역 이외에도 석관묘/석곽묘가 발견되지만 대부분 상주(商周) 시기의 것이고, 상주 교체기에 북방에서 밀려온 세력으로 본다. 그가 제시한 동아시아 지역의 석관묘/석곽묘, 고인돌무덤 분포 지도를 보면, 황하 중류의 황하문명 핵심 지역에서는 이런 석관묘/석곽묘, 고인돌무덤 등이 보이지 않음을 확인할 수 있다(〈자료 26〉 참조).[18]

〈자료 26〉 동북아시아 지역 석관묘, 석곽묘, 고인돌무덤 분포[19]

* 중국의 고인돌무덤은 산동반도와 장강 사이에서만 소수가 발견되며, 나머지는 석관묘-석곽묘 계통이다. 황하문명의 중심부에는 이런 돌무덤 형태가 보이지 않는다.

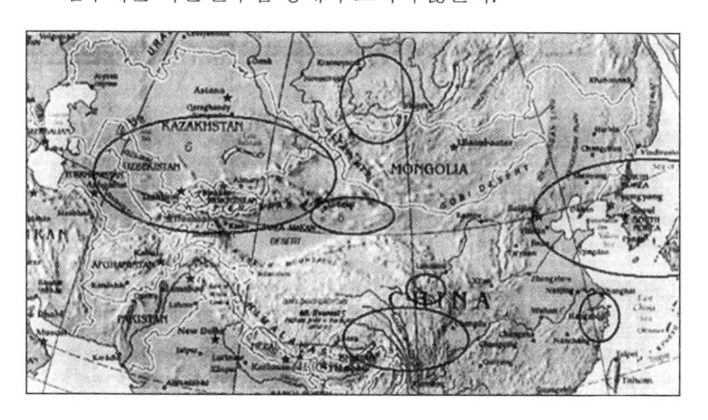

부하문화와 한반도

현재까지 부하문화에서 발견된 복골(卜骨)이 동북아시아 최초의 것이다. 복골은 불에 구워서 점을 치는 뼈를 말한다. 주로 동물의 견갑골(肩胛骨)을 이용해서 점을 치는 것을 골복(骨卜)이라고 부르고, 그 점친 뼈는 복골이라 부른다.

부하문화(BC 5200-5000)의 최초 유적지인 부하구문유지(富河溝門遺址)는 1957년에 내몽고문물공작대가 적봉시 파

림좌기(巴林左旗) 부하진(富河鎮) 호얼토향(浩尔土鄉) 부하구문촌(富河溝門村)에서 발견되었다.[20]

1962년 5-7월에 이루어진 첫 발굴 당시에 가장 큰 방(H3)에서 동북아시아 최초의 '점을 친 뼈'인 복골이 '몇 개' 발견되었다. 보고서에는 정확한 복골의 숫자에 대한 기록은 없고, 그중 1점(H3 : 24)의 사진만 공개해놓았다. 발견된 복골은 사슴(혹은 양)의 견갑골로 "(불에 굽거나 지지는) 작(灼)은 했으나 (구멍이 뚫리지 않을 정도로 홈을 파는) 찬(鑽)의 흔적은 없는(有灼而無鑽)" 초기 형태의 복골이다.[21]

〈자료 27〉 부하구문유지에서 발견된 최초의 복골[22]과 발견된 방(H3) 평면도[23]

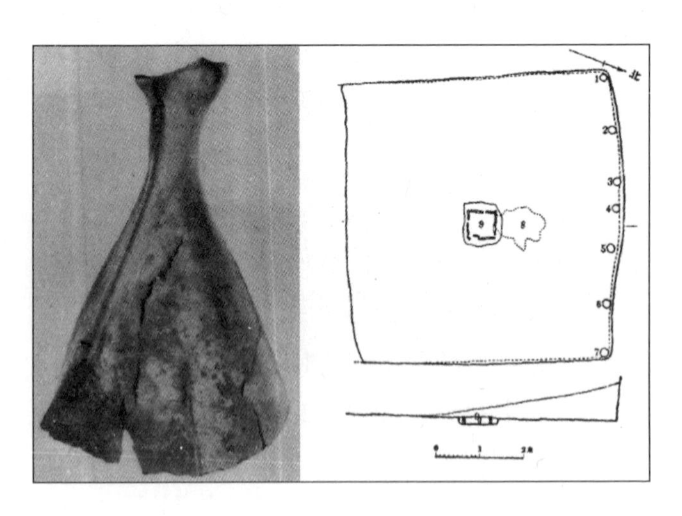

동북아시아의 골복문화(骨卜文化)는 요하문명 부하문화의 부하구문유지에서 기원전 5000년경의 복골에서 시작된다. 황하문명 지역에서는 ① 부하문화보다 1000년 후인 기원전 4000년경에 감숙성 무산(武山)의 마가요문화(馬家窯文化) 석령하유형(石嶺下類型) 부가문(傅家門)유지[24]와 하남성 절천현(浙川縣) 앙소문화 3기의 하왕강(下王岡)유지[25]에서 처음 발견되었다. ② 청동기시대 이리두문화와 이리강(二里岡)문화의 여러 유적지 등으로 이어지며, ③ 상나라 시기에 가장 번성하지만, ④ 주나라 이후로는 주역(周易)의 기원이 되는 시초점(蓍草占)이나 서죽점(筮竹占)으로 대체되기 시작해서, ⑤ 주나라 중기 이후로는 골복문화가 사라진다.

그러나 만주 지역에서는 ① 부하문화에서 시작된 골복문화는 ② 만주 일대 초기 청동기시대인 하가점하층문화 시기에 번성한다. 그리고 ③ 후기 청동기시대인 위영자(魏營子)문화, 하가점상층문화, 십이대영자(十二臺營子)문화 등으로 지속해서 이어진다.

한반도 지역에서는 ① 한반도 북부 함경북도 무산군(茂山郡) 무산읍 청동기시대 범의구석유적 혹은 호곡동유적(虎谷洞遺迹: BC 1000-500)에서 현재까지는 가장 이른 시기의 것이 발견된다. ② 이후 철기시대, 삼한시대, 삼국시대, 통일신라시대까지도 이어지고, ③ 일본의 야요이시대로 전파된다.

중국에서는 주나라 중기부터 복골이 사라지지만, 한반도 지역에서는 통일신라까지도 지속적으로 발견된다. 이러한 사실은 골복문화의 전통이 시작된 요하문명과 한반도가 긴밀히 연결되어 있다는 것을 보여주는 것이다. 다시 한 번 강조하지만 골복문화는 전형적인 동이족의 문화이다.[26]

〈자료 28〉 1999년 이전 한반도 출토 복골 현황[27]

시대	유적지	복골수	사용 뼈	찬조 유무
청동기, 초기 철기	1. 함북 무산군 범의 구석[28]	5	견갑골 (사슴 3, 소 1)	○
초기 철기	2. 광주 북구 신창동	약 20	견갑골 (사슴, 멧돼지)	×
초기 철기	3. 경남 사천시 늑도 패총[29]	4개 이상	견갑골 (사슴 4)	×
초기 철기, 삼한	4. 전남 해남군 군곡리 패총	23	견갑골 (사슴 14, 멧돼지 7, 미상 2)	×
삼한	5. 선남 보성군 척령리 패총	4	견갑골	○
삼한	6. 부산 동래구 낙민동 패총	8	견갑골 (사슴 4, 노루 1, 멧돼지 2, 소 1)	○
삼한	7. 경남 창원시 남산 패총	?	견갑골	?
삼한	8. 부산 영도구 조도 패총	1	녹각	○

삼한	9. 경남 김해시 봉황대 패총	2	견갑골 (사슴 2)	O
삼한, 삼국	10. 경안 김해시 부원 동패총과 주거지	3	견갑골 (멧돼지 1, 사슴 1, 녹각 1)	O
삼한, 삼국	11. 전북 군산시 여방리패총	37	견갑골 (멧돼지 5, 미상 3), 갈비뼈 21, 사슴 다리 오금뼈[寬骨] 1, 미상 7)	O
삼국	12. 경북 경산시 임당	18	견갑골 (멧돼지+사슴 14), 갈비뼈 4	O
삼국	13. 경남 통영시 연대도패총	1	견갑골 (소 1)	O
통일신라	14. 경기도 광주군 이성산성	1	갈비뼈 1	O

〈자료 29〉 2000년 이후 한국에서 발굴된 복골 현황

* 필자가 짧은 시간에 조사한 아래의 것 이외에도 전수 조사를 하면 더 많을 것이다.

발견 및 유적지	시대	사진 자료	수량	재료	찬조 유무
2010년 부산시 강서구 미음동 분절마을	삼국		1	사슴 견갑골	O
2009년 대구시 동구 이시아폴리스 부지	삼국	?	?	?	?
2008-2009 순천시 해룡면 '신대배후단지 내 유적'	?	?	?	?	?

2008년 나주시 동강면 수문마을 수문패총	삼한		2	사슴 견갑골	O
2008년 백제 풍납토성	한성 백제		1	견갑골	?
2005년 이전 강릉시 강문동	BC 1세기		12	견갑골 등	O

조보구문화와 한반도

조보구문화(BC 5000-4400)는 적봉시 오한기 중심지에서 동북으로 25킬로미터 떨어진 고가와포향(高家窩鋪鄕) 조보구촌(趙寶溝村) 조보구유지에서 발견되어 명명된 신석기문화이다. 조보구촌 1호 유적의 탄소14 측정 연대는 기원전 4270±85년(6220±85 BP)이고, 나이테 수정을 거친 절대연대는 기원전 4920년(6870±120 BP) 정도였다.[30]

조보구문화의 유적지에서는 ① 다양한 번개무늬(雷紋)토기, ② 청동기의 존(尊)을 닮았다고 붙여진 토기인 존형기(尊形器) 등이 발견된다.

조보구문화 소산(小山)유지에서 발견된 신령도안(神靈圖

案)으로 장식된 존형기는 ① 토기 전체에 검은색 검댕을 입히고 돌로 문질러 반짝반짝하게 하는 마광(磨光) 기법을 사용했다. ② 각 신령도안의 형상을 먼저 음각 선으로 그리고, ③ 음각 선으로 그린 안쪽을 '조밀한 사선으로 된 격자문'인 사선격자문(斜線格子紋)을 그어서 검은 부분을 제거하여, ④ 도안이 도드라지게 제작되었다.

신령도안은 ① 사슴 머리 모양에 몸통은 뱀처럼 길쭉한 녹수룡(鹿首龍), ② 돼지 머리 모양에 몸통은 뱀처럼 길쭉한 저수룡(猪首龍), ③ 맹금류의 새 머리 모양에 몸통은 뱀처럼 길쭉한 조수룡(鳥首龍)의 형상이 둘려 있다.

소산유지 존형기의 신령도안을 보면 7000년 전의 토기인데도, ① 현대적 디자인이라고 해도 손색이 없는 세련된 반추상의 도안에 놀란다. ② 도안과 여백 처리의 조화로움과 ③ 사선격자문으로 도안 내부를 긁어서 도드라지게 한 새로운 제작 기법에 감탄하게 된다. 고려청자의 역사에서 상감기법에 빗댈 수 있을 만큼 새롭고 놀라운 제작 기법이다.

비슷한 시기 황하문명 지역의 앙소문화에서 나오는 채도(彩陶)들은 점토질의 붉은색 토기에 붓으로 검은색의 검댕을 이용하여 반복적 기하문이나 물고기, 사람 얼굴 등을 그린 것이 전부다. 조보구문화는 앙소문화보다 조금 이른 시기인데도 대단히 발달되고 세련된 디자인과 기법을 선보인다.

이런 조보구문화 토기의 발달된 기법은 소하서문화와 흥륭와문화 시기에 이미 사선문, 사선격자문, 점열문 등을 이용하여 빗살무늬토기를 제작했기 때문에 가능한 것으로, 필자는 '빗살무늬토기 기법의 발전적 변형'이라고 보고 있다.

〈자료 30〉 조보구문화 소산유지 출토 신령도안 존형기 및 도안 전개도

1. 소산유지 신령도안 존형기

* 높이 25.5, 구경 25.5, 밑지름 10.6, 목 높이 10.3센티미터

2. 신령도안 전개도(오한기박물관 전시 자료)

녹수룡(좌), 저수룡(중), 조수룡(우)

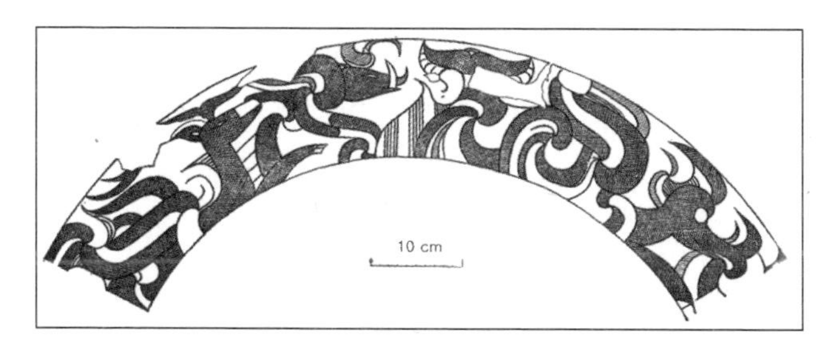

3. 신령도안 탁본 자료[31]

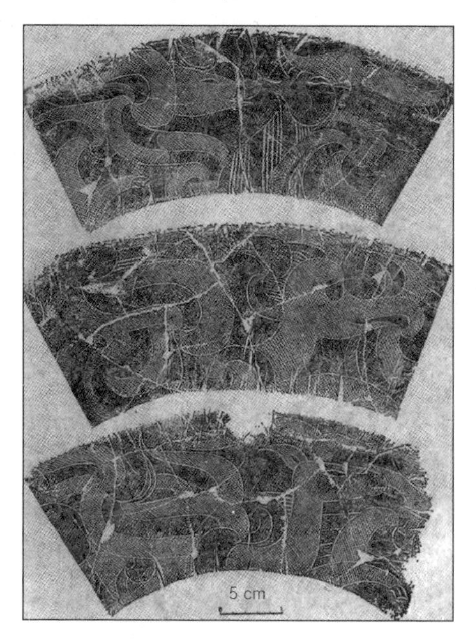

또한, 조보구문화에서는 고고학에서 번개무늬 혹은 뇌문(雷紋)이라고 불리는 문양이 장식된 흑도(黑陶)도 많이 발견된다. 조보구문화를 대표하는 존형기 외에 또 하나의 대표적인 토기가 다양한 형태의 번개무늬토기=뇌문토기들이다.

번개무늬로 장식된 '번개무늬토기'는 기원전 5000년경 조보구문화에서 처음 보이는 것이다. 번개무늬토기는 기원전 5000년경 조보구문화에서 시작되어, 연해주와 한반도 여러 지역에서도 발견된다. 그러나 중원의 황하문명 지역에서는 발견되지 않는다.

〈자료 31〉 조보구문화 소산유지의 토기 파편에 보이는 여러 가지 번개무늬

1. 좌측에 번개무늬 안쪽을 사선으로 긁어낸 기법도 보인다.[32]

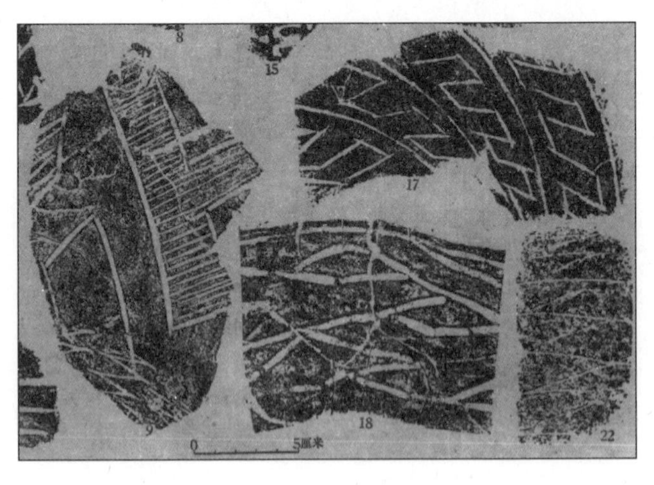

2. 우측 위의 작은 조각, 우측 아래 조각에서 번개무늬의 안쪽을 사선으로 긁어낸 기법도 보인다.[33]

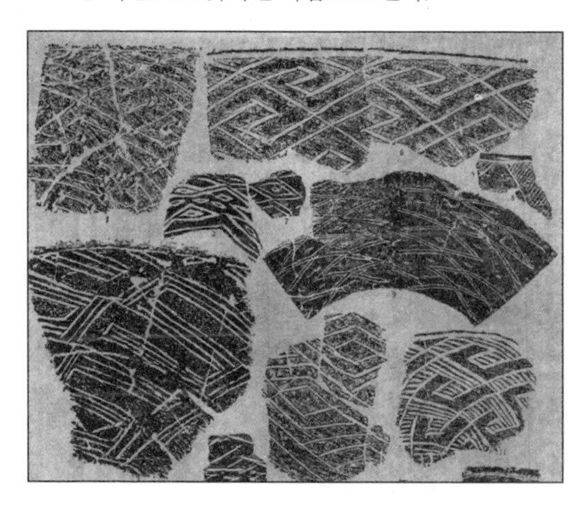

3. 좌측 맨 아래 1점, 우측 3점은 번개무늬 안쪽에 사선으로 배열된 점열문을 넣었다.[34]

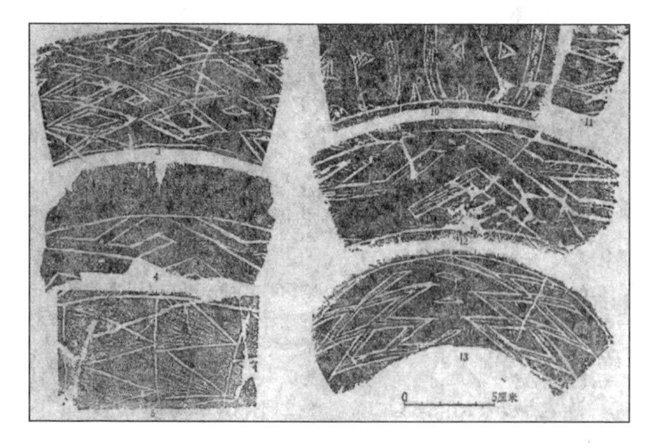

그런데 조보구문화에서 처음 등장하는 흑도를 바탕으로 한 번개무늬토기에 '도안의 안쪽에 사선, 사선격자문, 점열문 등을 넣어서 도안을 도드라지게 만드는 기법'은 조보구문화보다 조금 늦은 신석기시대에 ① 한반도 지역과 ② 연해주 일대의 토기에서도 발견된다.

이러한 기법은 황하문명 지역에서는 발견되지 않는 것으로, 요하문명 지역이 황하문명 지역과는 다른 독자적인 문화권이었음을 보여주는 또 다른 사례이다. 조보구문화에서 시작된 이런 독특한 기법이 연해주 지역뿐만이 아니라 한반도 북부와 평양 지역 그리고 한강유역까지도 보인다는 것은 요하문명이 한반도와 밀접하게 연결되어 있다는 것을 보여주는 것이다.

한영희는 한반도 지역 신석기시대 토기의 지역적 특징을 비교했다. 그러면서 번개무늬토기에 대해서 ① 연해주를 포함한 동북 지방 평저형 빗살무늬토기 지역에서 모두 발견되고, ② 이 지역이 당시에는 하나의 문화권이었으며, ③ 한반도 중부의 암사동유적, 미사리유적에서도 변형된 번개무늬토기가 발견되는 것으로 보아, ④ 결국 북에서 남으로의 주민 이동과 관련된다고 보았다.[35] 이런 번개무늬토기의 최초 발견지가 조보구문화임이 밝혀진 것이다.

그런데, 한영희는 단순히 '번개무늬'의 형태가 같다는 것에 초점을 두고 이야기하고 있지만, 필자가 보기에 '번개무늬' 자체보다 더 중요한 것은 '제작 기법'도 똑같다는 점이다. 조보구문화의 각종 존형기, 번개무늬토기 등에서 보이는 '도안의 안쪽을 사선, 사선격자문, 점열문 등으로 채워서 도안을 도드라지게 만드는 기법'은 연해주나 한반도 지역의 번개무늬토기에도 그대로 이어진다.

〈자료 32〉 한반도 지역의 신석기시대 번개무늬토기[36]

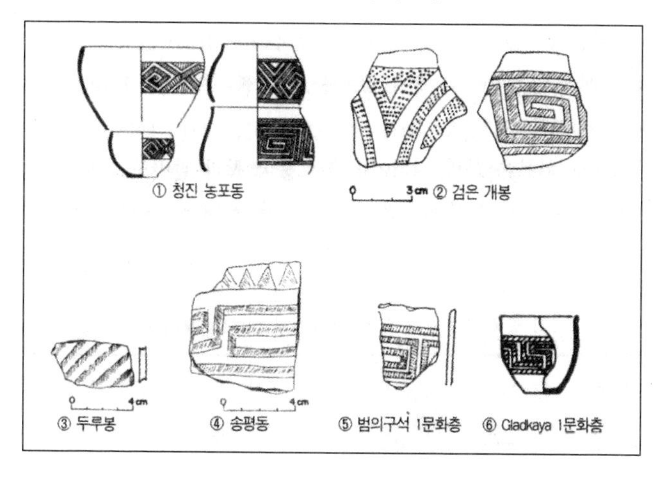

〈자료 33〉 함경북도 서포항유적 신석기 3기(BC 3000–2500) 타래무늬토기 및 상세도[37]

* 타래무늬의 바깥쪽을 사선으로 긁어내서 무늬를 도드라지게 표현한 기법
* 연대는 모두 '탄소14 측정연대'로 실제 연대는 이보다 800-500년 정도 이를 것이다.

〈자료 34〉 평양시 남경유적(BC 2500–2000) 출토 번개무늬토기 및 상세도[38]

* 연대는 모두 '탄소14 측정연대'로 실제 연대는 이보다 800-500년 정도 이를 것이다.

〈자료 35〉 연해주 보즈네세노프카유적(BC 3000-2000)의 인물문양토기와 상세도[39]

* 주로 점열문으로 빈 공간을 채웠다.

1. 인물문양토기(1) '아무르의 얼굴(The Face Of Amur)'과 세부: 높이 20.5센티미터

2. 인물문양토기(2)와 세부: 높이 33.5센티미터

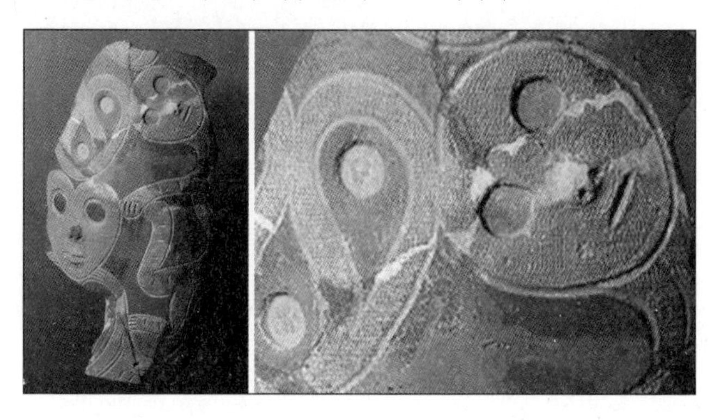

'도안의 내부를 사선, 사선격자문, 점열문 등으로 채워서 도안을 돋보이게 하는 독특한 토기 제작 기법'은 기원전 5000년경 조보구문화에서 처음 발견된다. 조금 늦은 신석기시대에 연해주와 한반도 지역의 토기에서도 발견된다. 그리고 만주 지역, 연해주, 한반도 지역의 신석기시대 번개무늬토기는 대부분 이런 기법으로 제작되었다.

기원전 5000년경의 조보구문화 토기의 제작 기법은 서포항유적, 남경유적, 연해주 보즈네세노프카문화 등과는 2000여 년의 시차가 있다. 하지만 오래전의 '탄소14 측정연대'이기 때문에 실제로는 약 800-500년 이른 것으로 보면 시간차는 약 1200-1500년 정도이다. 그러나 다른 지역에서

유사한 기법이 발견되지 않기 때문에, 이들은 시차를 둔 계승관계로 보는 것이 합리적이라고 본다.

또한, 이러한 기법의 토기는 비슷한 시기의 황하문명 지역에서는 보이지 않는 양식이다. 이러한 상황은 요하문명 지역이 황하문명 지역과는 다른 독자적인 문화권이었음을 보여주는 것이다. 또한 요하문명이 연해주·한반도 지역과 밀접히 연결되어 있다는 것을 보여주는 것이다.

홍산문화와 한반도

홍산문화 개괄

'요하문명의 꽃'으로 불리는 홍산문화는 동북아시아 상고사-고대사와 관련된 많은 새로운 사실을 밝혀준다. 이를 개괄적으로 소개하면 다음과 같다.[40]

첫째, 1935년 하마다 고사쿠(濱田耕作)에 의해 최초로 발굴되고, 1955년 윤달(尹達: 1905-1983)에 의해서 정식으로 홍산문화로 명명되었다. 세계적인 주목을 받게 된 것은 1979년 동산취유지를 시작으로, 1983-1985년 우하량유지가 본격적으로 발굴되면서부터다.

둘째, 홍산문화는 ① 홍산문화 전기(신석기시대)와, ② 홍산문화 후기(동석병용시대)로 구분한다. 홍산문화 단계에서는 이미 발달된 농경사회로 접어든다. 홍산문화 시기는 농업 위주이면서 수렵과 목축을 겸하는 사회였다.

셋째, 홍산문화 후기의 우하량유지에서는 동을 주조한 도가니 조각과 순동 귀걸이가 발견되어 동북 지역 최초의 동석병용시대로 보고 있다. 홍산문화 후기는 흔히 후홍산문화(後紅山文化)로 부르는 소하연문화로 이어져 신석기시대와 청동기시대를 연결하는 고리 역할을 한다.

넷째, 제단, 여신전, 각종 형태의 거대 적석총(stone mound tomb)이 발견된 우하량유지는 홍산문화 후기 유적이다. 홍산문화 후기의 우하량유지는 이미 '초기 국가단계' 혹은 '초기 문명단계'에 진입했다고 보고 있으며, 우하량유지는 '홍산문화의 꽃'이자 '요하문명의 꽃'이다. 우하량유지는 기원전 3500년경에 조성된 것으로, 탄소14 연대 측정 이후 나이테 교정을 거친 절대연대는 기원전 3779-3517년이다.[41]

다섯째, 동북아시아 최초의 적석총인 '토광적석묘'와 '석관적석묘'는 흥륭와문화 백음장한(白音長汗) 2기 유적지에서부터 발견된다. 그러나 흥륭와문화의 대표적인 묘제가 되지는 못했다. 적석총 가운데 가장 발달된 양식이라고 할 수 있는 '계단식 적석총'을 비롯한 각종 돌무덤은 홍산문화 시기에 모두 보이며, 홍산문화 시기에 보편적인 묘제가 된다.

특히 홍산문화에서는 피라미드식의 거대한 '계단식 적석총'이 최초로 등장한다. 이런 '계단식 적석총'은 황하문명이나 장강문명 지역에서는 발견되지 않는 것이다. 흥륭와문화 시기에 시작된 적석총 문화는 홍산문화 시기에 보편화되어 후에 만주 일대의 청동기시대와 철기시대의 묘제로 지속해서 이어지고, 후에는 고구려·백제·가야·신라·일본의 묘제로 연결되는 것이다.

여섯째, 한 변이 20-30미터에 이르는 3층 계단식 적석총을 비롯한 다양한 크기의 적석총들은 한 명의 '지고무상한 존재' '왕의 신분에 상응하는 인물'이 출현했고, '신분의 등급 분화'와 '예제(禮制)의 조기 형태'가 이미 제도화되었음을 나타낸다.

일곱째, 홍산문화 후기에는 이미 인간 실물의 1배, 2배, 3배의 여신을 모신 여신 신전인 여신묘(女神廟)가 단독으로 등장하며, 여신상(女神像)들은 실물의 1-3배까지 층차를 보이며 '주신(主神)'이 이미 출현했음을 보여준다.

여덟째, 홍산문화 후기에는 거대한 제단, 여신묘, 다양한 '3층 계단식 적석총' 등을 갖춘 '초기 국가단계' '초기 문명단계'에 진입한다. 학자들 가운데는 이 단계를 고국(古國) 또는 군장국가로 보기도 한다.

아홉째, 홍산문화 후기에는 기존의 홍산문화에 황하문명

의 중심지인 앙소문화 지역이 교류되어 홍산문화 후기에는 앙소문화의 채도(彩陶)가 유입된다.

열째, 홍산문화에서는 다양한 형태의 옥기(玉器)가 매우 많이 발굴된다. 신분의 차이에 따라 많게는 하나의 무덤에서 최고 20개의 옥기가 부장품으로 나온다. 이를 통해 홍산문화 시대에는 신분이 분화된 사회라는 것을 알 수 있다.

열한째, 홍산문화 후기에는 옥장인(玉匠人)이 직업적으로 분화되었다고 보며, 필자는 석장인(石匠人)도 분화됐었다고 본다(〈자료 36〉 참조).

열두째, 중국 학자들 가운데는 신석기시대와 청동기시대 사이에 옥기시대를 새롭게 설정해야 한다고 주장하는 학자들이 많다.[42] 서구와 달리 동북아시아에서는 청동기시대 이전인 옥기시대에 '초기 국가단계' '초기 문명단계'에 진입한다는 것이다. 이것은 청동기나 문자가 없이도 문명단계, 국가단계에 진입한 세계적인 사례가 많다는 것을 바탕으로, 옥기시대인 홍산문화 후기에 '초기 국가단계' '초기 문명단계'에 진입했다고 보는 시각이다.

열셋째, 홍산문화 후기의 많은 무덤에서는 남녀가 합장된 석관적석묘가 여럿 발견되서, 일부일처제가 이미 확립되었을 가능성이 크다고 본다.

열넷째, 홍산문화 후기의 우하량유지에서 발견된 남녀 두개골 총 17개 가운데 13개의 남녀 두개골이 변형된 '편두'이다. 남녀가 보편적으로 편두를 했음을 알 수 있다. 이것은 변한(弁韓)과 진한(辰韓) 사람들이 갖고 있었던 편두 전통과 연관을 지어보면, 우리나라에게도 중요한 정보이다.

열다섯째, 홍산문화 후기는 '최소한 6-7등급 신분'이 분화된 '초기 국가단계' '초기 문명단계'로 보고 있다. 예를 들면 ① 한 변이 20-30미터에 이르는 수많은 3층 계단식 적석총을 비롯한 다양한 크기의 적석총, ② 인간 실물의 1-3배의 여신을 모신 단독의 여신묘와 1-3배의 층차를 보이는 '주신'의 출현, ③ 천단(天壇)의 원형으로 보고 있는 3층 원형의 거대한 제단, ④ 옥장인과 석장인의 직업적 분화, ⑤ 일부일처제의 확립, ⑥ 거대 적석총 중심대묘(中心大墓)의 주인공인 한 명의 '지고무상한 존재' '왕의 신분에 상응하는 인물'의 출현, ⑦ 부장된 옥기의 수량이나 형태 등을 통한 '신분의 등급 분화'와 예제의 확립 등을 통해서 알 수 있다.

홍산문화의 '계단식 적석총'과 한반도

토광적석묘, 석관적석묘는 이미 흥륭와문화 백음장한유지에서 출현한다. 하지만 흥륭와문화 시기에는 대부분 토광묘 위주였고 적석묘는 보편적인 묘제는 아니었다.

그러나 홍산문화 시기에는 각종 형태의 적석묘가 보편적

인 묘제였다. 곽대순은 홍산문화 적석총 내부 묘장의 형태를 신분 등급에 따라 5개의 유형으로 나누었다.[43] 상대적으로 큰 대형의 중심대묘와 대계식묘(臺階式墓)는 대부분 '3층 계단식 적석총'이다.

우하량유지에는 홍산문화 후기의 거대한 적석총이 밀집되어 있다. 특히 우하량유지의 유적들 가운데 홍산인들의 돌 다루는 기술력을 보여주는 것들을 소개하면 아래와 같다.

첫째, 여러 개의 '3층 계단식 적석총'은 ① 한 변의 길이가 20-30미터에 달한다. ② 기단석 등은 자연석이 아니라 인공적으로 네모나게 다듬은 돌을 사용하고 있어서 상당히 발달된 기술을 지니고 있었음을 알 수 있다.

둘째, 제2지점 '3층 원형 천단'의 경우에는 설계하는 과정에서 원의 내접사각형과 외접사각형, 정사각형의 내접원과 외접원 등을 이용하여 설계했다는 것이 2015년에야 건축학자에 의해 새롭게 밝혀졌다. 천단을 발굴한 고고학자들은 직경(22m, 15.6m. 11m)만 보고하고 있지만, 건축학자가 그 비례의 비밀을 푼 것이다.

셋째, 제13지점 거대 건축물의 경우에는 완전 발굴이 안 되어 있고 시굴만 한 상태지만, 직경 100미터의 7층(?) 원형 계단식 건축물로 밝혀졌다.

이러한 기술력을 보면 홍산문화 후기에는 이미 옥장인(玉

匠人)과 더불어 전문적인 석장인(石匠人)도 직업적으로 분화되었을 것으로 필자는 본다(〈자료 36〉 참조).[44]

홍산문화의 다양한 형태의 적석묘는 ① 흥륭와문화 시기에 최초로 등장하여, ② 홍산문화 시기에 대표적인 묘제로 확립되었다. ③ 이후 몽골 초원과 중앙아시아의 신석기-청동기시대 무덤과 흉노, 돌궐 무덤으로, ④ 만주 일대의 하가점하층문화, 하가점상층문화 등의 각종 청동기시대 무덤, ⑤ 고조선·고구려·백제·가야·신라에 이르기까지 한반도에서 지속해서 이어진다. ⑥ 특히 홍산문화에서 처음 보이는 가장 발달된 돌무덤 형식인 계단식 적석총도 고구려·백제·가야·일본까지도 이어진다.

경주 대릉원에 거대하게 자리한 무덤도 위의 표토만 걷어내면 안에는 모두 돌로 이루어진 적석목곽분(積石木槨墳)이다. 묘광을 돌로 만든 석곽(石槨) 대신 나무로 만든 목곽(木槨)으로 만든 것이지, 기본적으로는 적석묘인 것이다.

한반도의 다양한 석관묘나 토광적석묘, 계단식 적석총 등의 기원은 흥륭와문화-홍산문화로 이어지는 요하문명 지역에 있다. 현재 한국 학계에서는 우리나라 적석총의 기원을 고구려로 보거나, 이르면 기원전 1500년경의 인천시 시도(矢島) 유적으로 본다. 필자는 이런 학계의 시각을 홍산문화에 대한 연구를 통해서 바꿔야 한다고 본다.

〈자료 36〉 홍산문화 우하량유지 제2지점에 보이는 건축기술[45]

1. 현재는 전체를 철골 구조로 덮어서 전시관을 만들어놓았다.

2. 우하량유지 제2지점 2호총 1호묘=중심대묘(N2Z2M1)

(2015.8.6 필자 답사 사진)

* 인공적으로 직사각형으로 다듬어 경계를 돌린 돌

3. 우하량 제2지점 '3층 원형 천단(天壇)'의 모습과 평면 설계도

* 직경 22, 15.6, 11미터의 3층 원형 천단 (2015.5.13 필자 답사 사진)

* 고고학자들은 이 직경의 비례 비밀에 대해서 모르고 있었다.

* 2015년에 건축학자가 밝혀낸 천단의 평면 설계도[46]

* 원의 내접사각형과 외접사각형, 정사각형의 내접원과 외접원 등을 이용하여 설계를 했다

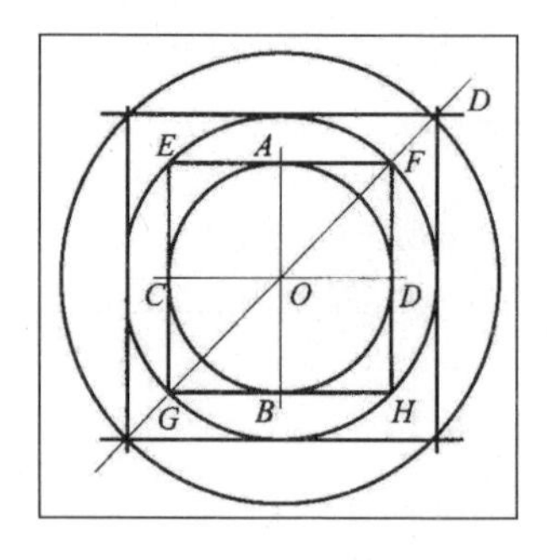

4. 우하량 제13지점 거대 건축물

* 완전 발굴이 안 되어서 적석총인지는 모름((2007.8.5 필자 답사 사진)

* 남쪽에서 찍은 사진. 2007년 당시만 해도 주변에 시굴할 때 드러난 돌이 많이 보인다.

* 사진에서 꼭대기 나무 좌측 사람의 크기를 보면 전체 규모를 알 수 있다.

* 전체 모습과 시굴 조사 당시의 사진[47]

* 필자가 개략적으로 그린 거대 원형 적석건축물의 평면도와 측면도[48]

* 최대 직경 100미터, 높이는 17미터의 7층(?) 원형

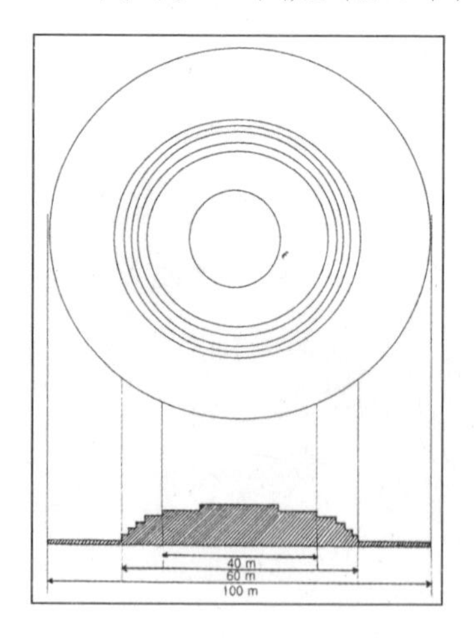

홍산문화의 편두 관습과 한반도

홍산인들은 '인공적으로 두개골을 변형시키는 편두(偏頭)' 관습을 지니고 있었다. 변한과 진한 사람들이 모두 편두 전통을 갖고 있었다는 것을 보면, 이것 또한 홍산문화와 한반도의 연관성을 푸는 중요한 열쇠가 될 수 있다.

홍산문화 후기 우하량유지에서 발견된 인골 가운데 두개골이 남아 있는 남녀 두개골 총 17개 가운데 76.47퍼센트에 달하는 13개의 남녀 두개골이 '두개골 변형'이 이루어진 '편두'이다. 남녀가 모두 편두를 했음을 알 수 있다.[49] 두개골을 변형시키는 편두는 뼈가 굳지 않은 어린아이 때에 이루어지는 것이다. 홍산문화 우하량유지에서 확인된 대부분의 두개골이 편두를 한 것으로 보아서, 홍산인들에게 편두는 보편적이었던 것으로 보인다. 그러나 홍산문화 시기의 편두 전통은 아직도 국내 학계에 잘 알려지지 않았다(〈자료 37, 38〉 참조).

『삼국지(三國志)』「위서(魏書), 동이전(東夷傳)」에는 진한 사람들도 어린아이 때에 편두를 했다는 것을 기록하고 있다. 즉, 진한 사람들은 "어린아이가 출생하면 돌로 머리를 눌러서 지금 진한 사람의 머리는 모두 납작하다"는 것이다.[50]

고고학 자료로는 가야시대인 2-3세기경의 김해시 예안리고분(禮安里古墳)유적에서는 이미 많은 편두 인골이 확인되었다. 예안리고분유적은 진한 지역이 아니라 변한 지역이다.

진한 지역뿐만이 아니라 변한 지역에서도 편두 전통이 있었다는 것을 보여준다. 진한이나 변한뿐만이 아니라 흉노·가야·신라·일본 등의 편두 전통에 대해서도 이미 알려졌다.

요하문명 지역에서 남하한 상나라 주도 세력도 편두를 했을 것으로 보인다. 상나라 갑골문에는 '머리가 기울 녈(夨)'자가 등장한다. 현재는 거의 사용되지 않는 한자이지만, 두개골이 편두로 인해 기울어진 것을 상형한 '머리가 기울 녈' 자는 ① 최초 형태인 갑골문( ), ② 청동기에 새겨진 금문( ), ③ 한자가 통일된 진나라 시기의 소전( )에서 '편두로 변형된 머리를 한 사람 형상'의 상형문자이다(〈자료 39〉 참조).

그러나 상나라 이후 중원 지역에서는 편두 전통이 보이지 않는다. 동북아시아에서는 홍산문화 시기부터 이미 보편적으로 보이는 편두의 전통이 흉노·진한·변한·가야·신라·일본으로 이어지는 것이다.

필자는 홍산문화 시기부터 보이는 편두의 전통이 상나라·흉노 등으로 이어지고, 고조선이 해체되면서 남하한 진한·변한을 통해 가야·신라·일본으로 이어진 것으로 본다. 홍산문화 시기에 편두 전통이 이미 보편적이었다는 것이 새롭게 밝혀졌으니, 이에 대한 전문적이고 깊이 있는 연구를 기다려 본다.

〈자료 37〉 홍산문화 우하량유지 두개골(頭蓋骨=顱骨)의 편두 통계표[51]

* 표본 번호의 의미는 'N2Z1M15'='제2지점(N2) 1호 총(Z1) 15호 묘(M15)'와 같다.

* '無 ?' 표시는 판정하기 어렵다는 의미이지, 하지 않았다는 의미는 아니다.

표본 번호	성별	인공변형 유무	인공변형 정도	두개골 보존 상태
N2Z1M15	女	O	분명히 확인 가능	완전하게 보존
N2Z1M17	男(?)	O	분명히 확인 가능	비교적 완전
N2Z1M25	男	O	기본적 판정 가능	큰 조각만 남음
N2Z1M27	女	無 ?	당연히 했다고 봄	조각
N2Z4M6	女(?)	O	기본적 판정 가능	조각, 뒷머리 주변 뼈
N2Z4M8	男	無 ?	당연히 했다고 봄	쪼개진 조각
N2Z4 인골	女	無 ?	판정하기 어려움	뒷머리 조각
N5Z1M1	男	O	분명히 확인 가능	완전하게 보존
N16M1	男	O	분명히 확인 가능	조각
N16M2	男	O	분명히 확인 가능	조각
N16M4	男	O	분명히 확인 가능	비교적 완전
N16M7	女	O	분명히 확인 가능	두개골 위 큰 조각
N16M14	女	無 ?	판정하기 어려움	쇄골(碎骨) 조각
N16M15	男	O	분명히 확인 가능	비교적 완전
N 표본 1	女	O	분명히 확인 가능	두개골 뒷부분 비교적 완전
N 표본 2	男	O	분명히 확인 가능	큰 조각이 보존
N 표본 3	男	O	분명히 확인 가능	보통(一般)

〈자료 38〉 홍산문화 우하량유지 두개골의 편두 사례

* '제2지점 1호 총 1호 묘(N5Z1M1)'의 남성(50세 전후) 두개골[52]

* 1: 정면 2: 후면 3: 좌측면 4: 우측면 5: 윗면 6: 아랫면

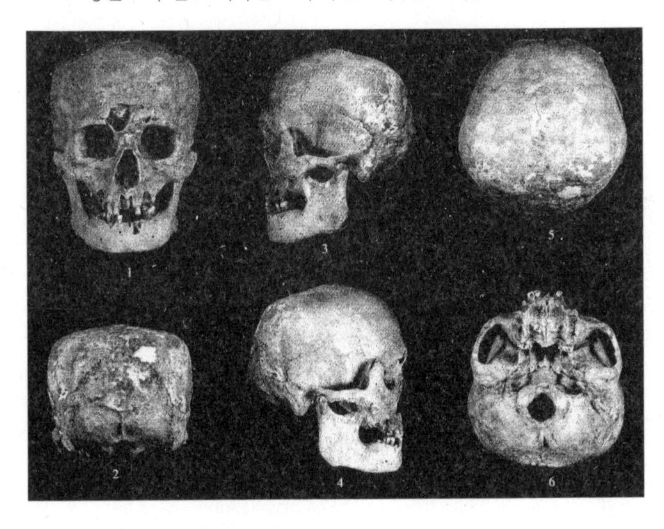

〈자료 39〉 '머리가 기울 녈(夨)'자의 갑골문, 금문, 소전과 의미[53]

	甲骨	金文	小篆	詮釋	字例
夨				象頭部傾斜之人形, 表示傾頭人之形符.	

하가점하층문화와 한반도

하가점하층문화 유적지의 수는 요하문명의 중심지인 대릉하, 노합하, 요하 일대에 압도적으로 많다. 현재까지 발견된 유적지 수는 이미 3,000곳을 넘어섰다. 하가점하층문화에서는 동북아에서 최초로 '치(雉)를 갖춘 석성'이 등장한다.

석성 자체는 신석기시대부터 ① 내몽고 오란찰포맹(烏蘭察布盟)의 양성현(凉城縣) 대해(岱海) 서북의 언덕 지역에서 4곳, ② 내몽고 포두시(包頭市) 대청산(大靑山) 남쪽 기슭에서 9곳, ③ 내몽고 이극소맹(伊克昭盟) 준격이기(准格爾旗)와 호화호특시(呼和浩特市) 청수하현(淸水河縣) 사이의 황하를 낀 양쪽 언덕에서 9곳, ④ 황하를 조금 더 내려온 섬서성 가현(佳縣) 지역에서 1곳 등 총 23곳에서 발견된다.[54] 주로 내몽고 중부의 남단 지역과 황하를 끼고 내려오는 위쪽이다.

그러나 이 신석기시대의 석성에서는 '치를 갖춘 석성'은 발견되지 않는다. '치'는 석성을 쌓으면서 중간 중간에 돌출부를 쌓는 것을 말한다. 중국 학계에서는 이것은 '말머리처럼 튀어나왔다'는 의미에서 '마면(馬面)'이라고 부른다.

하가점하층문화의 가장 특징적인 것이 석성이고, 그 가운데서도 '치를 갖춘 석성'이다. 하가점하층문화의 석성이 집중적으로 발견되는 곳은 ① 내몽고 적봉시의 음하(陰河), 영금하(英金河), 맹극하(孟克河) 일대, ② 요녕성의 대릉하(大凌河), 소릉하(小凌河) 일대, ③ 하북성의 평천현(平泉縣) 일대 등이다. 이 가운데 많은 석성은 치를 갖추고 있다.

석성은 크기도 다양한데, 음하 유역에서 발견된 석성 52개 가운데 3만 제곱미터 이상의 큰 석성이 7개이다.[55] 하가점하층문화 석성에서는 이미 석성의 치를 항아리처럼 감싸서 한쪽 방향으로만 들어오게 한 옹성문(甕城門)도 등장한다. 이것이 후대의 옹성의 효시라고 할 수 있다.[56]

하가점하층문화에서 '치를 갖춘 석성'이 많이 발견되었다. 하가점하층문화에서 '치를 갖춘 석성'이 발견되기 이전까지는, 이것이 고구려 석성만이 지닌 특징이라고 생각하는 학자들이 많았다. 그러나 '치를 갖춘 석성'은 하가점하층문화 시기 요서 지역에서 처음으로 등장하는 것이다. 이후 이것이 고구려까지 연결된 것이다. 하가점하층문화에서 시작되는 '치를 갖춘 석성'은 한동안 잊혔다가, 이후 고구려에서 화려하게 부활하여 고구려 석성의 독특한 특징이 되는 것이다.

하가점하층문화의 '치를 갖춘 석성' 가운데 가장 완벽하게 보존된 곳이 적봉시 홍산구 초두랑진(初頭朗鎭) 삼좌점촌(三座店村)의 삼좌점유지이다. 삼좌점유지는 음하의 좌측에 있는 작은 산인 통자산(洞子山) 꼭대기에 있다.

삼좌점유지는 ① 큰 석성과 그 옆의 작은 석성으로 이루어져 있고, ② 큰 석성에는 반원형의 치 15개, 작은 석성에는 치 10개가 잘 보존되어 있다. ③ 석성의 성벽은 2중으로 돌을 쌓았고, 치는 3중으로 돌을 쌓았으며, ④ 각 석성 안의 방들은 돌을 원형으로 2중으로 쌓아서 만들었다. ⑤ 큰 석성 안에는 주거지와는 돌담을 쌓아서 분리한 골목길도 나 있다(〈자료 40〉 참조).

큰 석성의 서쪽과 남쪽은 많이 훼손되어 치가 확인되지 않는데, 이 부근에도 많은 치가 있었을 가능성이 있다. 그러나 이 부근은 물길이 돌아가는 급경사 지역이어서 자연적인 방어가 되기 때문에 본래부터 치를 설치하지 않았을 수도 있다.

치를 갖춘 석성과 일반적인 석성은 방어력에서 큰 차이를 보인다. 치가 있는 석성에 적이 성벽을 타고 올라오면, 정면과 양쪽의 치 등 3면에서 방어를 할 수 있다. 단적으로 말하자면 치를 갖춘 석성에서는 성벽을 타고 올라오는 적의 뒤통수에도 화살을 날릴 수 있다는 것이다.

고구려(BC 37-AD 668)가 700여년 동안 수나라, 당나라와의 전쟁을 거치면서도 단일 국가를 유지할 수 있었던 것은 고구려의 '치를 갖춘 석성'도 큰 역할을 했다고 본다. 고구려 당시에 중원에는 석성은 있었으나 '치를 갖춘 석성'은 없었다. 고구려와 많은 전쟁을 치르면서 치의 중요성을 알게 된 중원 지역에서도 이것을 모방하기 시작한다. 고구려 석성의 치는 하가점하층문화에서 기원한 것이고, 여러 우여곡절이 있었지만 고구려에서 화려하게 부활하여 지속되었다는 점을 기억해야 한다.

중국 학계에서는 하가점하층문화 시기에 이미 요서 지역은 국가단계에 진입했다고 보고 있다.

〈자료 40〉 하가점하층문화 삼좌점유지의 '치를 갖춘 석성'의 전체 모습

1. 삼좌점유지 항공사진[57]

2. 삼좌점유지 평면도와 치[58]

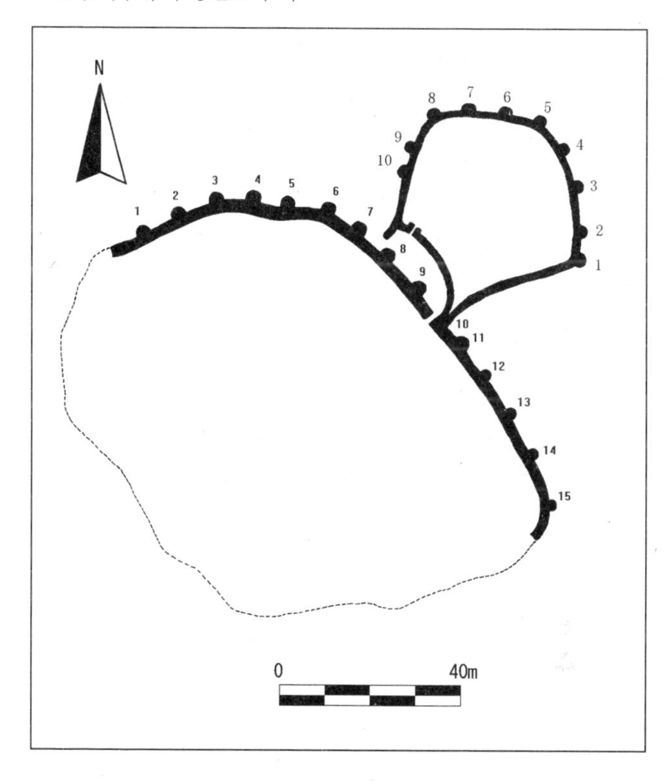

3. 발굴 초기 치의 모습(적봉박물관 자료)

4. 필자 답사 사진(2014.9.6)

첫째, (고) 소병기 선생은 서요하 지역에서 ① 홍산문화 시기는 고국(古國)이, ② 하가점하층문화 시기에는 하-상-주와 같은 방국(方國), 곧 '치를 갖춘 석성'과 '채회도(彩繪陶)'로 대표되는 "하나라와 상나라 사이의 '방국'(夏商之間的'方國')"[59] 단계의 대국이 있었다고 본다.[60]

둘째, 설지강은 서요하 지역에서 ① 하가점하층문화 시기에 '하나라보다 앞서서 문명고국'을 건설했다. ② 이후 이 지역의 고대 민족들이 남쪽으로 이동해서 하나라를 대체하는 상나라를 건설한 것이라고 본다.[61]

물론 소병기나 설지강은 홍산문화의 '고국'이나, 하가점하층문화의 '방국단계의 대국' 또는 '하나라보다 앞선 문명고국'의 주도 세력을 황제족으로 보고 있다. 요하문명의 주도 세력이 황제족이라는 중국 학계의 일방적인 주장을 배제하고 보면, 하가점하층문화 시기의 요서 지역에는 '치를 갖춘 석성과 채회도'로 대표되는 '방국단계의 대국(소병기)' 혹은 '하나라보다 앞선 문명고국(설지강)'이 존재했다는 것이다. 중국 학계에서는 견주어볼 만한 국가명이 없어서 그렇게 표현하지만, 우리에게는 신화적으로 기록된 '단군조선'이 있다는 것이다. 필자는 이 문명대국이 초기의 단군조선일 가능성이 크다고 본다.

하가점상층문화와 한반도

하가점상층문화(BC 1000-300)에서는 최초로 소위 '비파형동검'이 발견된다. 현행 우리나라 대부분의 역사교과서는 ① 비파형동검, ② 고인돌, ③ 미송리식토기와 팽이형토기 등을 고조선을 상징하는 유물로 본다. 비파형동검은 이 가운데서도 가장 중요한 유물 가운데 하나다.

대부분은 비파형동검 등이 발견되는 지역을 '고조선의 영역' '고조선의 문화권' '고조선의 문화 범위와 세력 범위' 등으로 본다. 2007년 교육과정에 따라 개정된 중학교의 역사 교과서에서 해당 부분을 보면 다음과 같다.

① "청동기시대에 만든 비파형동검과 고인돌(탁자식), 미송리식토기와 팽이형토기는 주로 만주와 한반도 북부 지방에서 집중적으로 발굴되는데, 이를 통해 고조선의 문화권을 짐작할 수 있다."[62]

② "비파형동검과 고인돌(탁자식), 미송리식토기 등이 고조선 문화를 대표하는 특징적 유물이다. 고조선은 이들 유물이 분포하는 지역과 밀접한 관련이 있다."[63]

③ "탁자식 고인돌과 비파형동검 등의 유물이 출토되는 지역을 통해 고조선의 영역을 짐작할 수 있다."[64]

④ "오늘날 이 지역에서 출토되는 비파형동검과 탁자식 고인돌, 미송리형토기와 팽이형토기는 이러한 고조선의 문화 범위와 세력 범위를 잘 보여준다."[65]

많은 사람들은 〈자료 41-2〉에 제시한 일반적인 비파형동검의 분포 지도에 익숙할 것이다. 그러나 이런 기존의 분포도에서는 비파형동검이 출토된 유적의 '위치'만을 표기할 뿐이고, 그 유적지에서 얼마나 많은 비파형동검이 출토되었는지를 알 수 있는 '비파형동검의 발굴 숫자'는 알 수가 없다(〈자료 41-1, 2〉 참조).

필자가 강조하고자 하는 것은 출토된 비파형동검의 숫자는 한반도 지역보다는 요서, 요동 지역에서 집중적으로 발견되고 시기도 빠르다는 것이다. 특히 요녕성 지역에서 발굴되는 것이 압도적이어서 '요녕식동검'이라고도 불린다. 내몽고 동부와 요녕성 서부 지역을 포함하는 요서 지역도 요동 지역과 비슷하게 발견된다.

2000년까지 비파형동검은 총 331개가 출토되었는데, ① 적봉시를 중심으로 한 내몽고 동부 지역이 19개, ② 요녕성의 요서 지역이 91개이고, 요동 지역이 128개, ③ 길림-장춘 지역이 18개, ④ 한반도 지역이 75개 등이다(〈자료 42〉 참조).[66]

전체 331개 가운데 요녕성의 요서-요동 지역이 219개

(66퍼센트)로 압도적으로 많고, 내몽고 동부지역을 포함하면 238개(72퍼센트)가 밀집되어 있다. 요하문명 지역인 내몽고 동부(19개)와 요녕성 서부(91개)를 포함하는 '요서' 지역(19+91=110개)에서 전체(331개)의 1/3이 발견되었다. 물론 한반도 지역보다 시기적으로도 빠르다. 이것은 비파형동검이 요서·요동→한반도로 이동하면서 확대되는 것을 의미한다.

요서·요동 지역에서 얼마나 많은 비파형동검이 출토되는지를 한눈에 알 수 있는 곳이 조양시박물관(朝陽市博物館)이다. 2011년에 확장해서 새로 지은 조양시박물관 전시 자료 설명문에는 비파형동검=요녕식동검을 '곡인검(曲刃劍)'[67] 혹은 '청동단검'으로 설명하고 있다. 2011년 재개관 당시의 설명문에 "조양시에서 청동단검=비파형동검=요녕식동검이 출토된 묘(墓)가 이미 100개가 넘었다(朝陽發現的青銅短劍墓已超百座)"고 한다. 100개의 묘에서 1개씩만 발견되었다고 해도, 조양시 경내에서만 2011년까지 최소한 100개의 비파형동검이 출토되었다는 것이다

단적인 예로, 현재 조양시박물관에는 이 지역에서 출토된 비파형동검을 하나의 전시 박스 안에 21개나 전시하고 있을 정도다. 여기에는 비파형동검을 찍어내던 거푸집도 전시되어 있다. 전시 박스 옆에는 비파형동검과 같이 출토되는 청동 투구와 청동 단추로 장식된 장화 등을 갖춘 당시의 군장

급 인물의 동상도 전시되어 있다(〈자료 44〉 참조).

2018년 1월 18일에 열린 요녕성 문물 고고연구소의 〈2017년도 요녕성 고고 업무 회보회(2017年度遼寧省考古業務匯報會)〉에서 발표한 보도 자료에 따르면, 2017년에도 요녕성 심양시에 속한 작은 시인 신민시(新民市)의 법합우진(法哈牛鎮) 파도영자촌(巴圖營子村)에서 동쪽으로 900미터 거리에 있는 북외유지(北崴遺址: BP 3800-3000)에서 비파형동검 1개가 발굴되었다. 북외유지의 방 유적지(房址) 연대는 3800-3000년 전이다.[68] 곽대순에 따르면, 이것이 현재까지 중국의 동북 3성 지역에서 발견된 비파형동검 가운데 가장 이른 비파형동검이다.[69]

적봉·조양·오한기를 잇는 지역은 청동기시대 유적이 매우 밀집되어 있는 '청동기시대 유적지의 최대 중심지'였다(〈자료 11〉 참조). 결국 이 지역은 비파형동검을 비롯한 각종 청동기를 제작했던 '초기 중심지'였던 것이다. 필자는 이 지역이 단군조선의 초기 중심지였을 가능성이 크다고 본다.

〈자료 41〉 비파형동검 분포도

1. 김정배가 그린 비파형동검 분포도[70]

* 일본을 제외한 142곳의 출토지를 표기하고 있고, 필자가 찾은 분포도 가운데는 가장 상세하다.

* 좌측 상단 1번이 비파형동검이 출토된 최북단인 이민하매광(伊敏河煤鑛)유지이다.

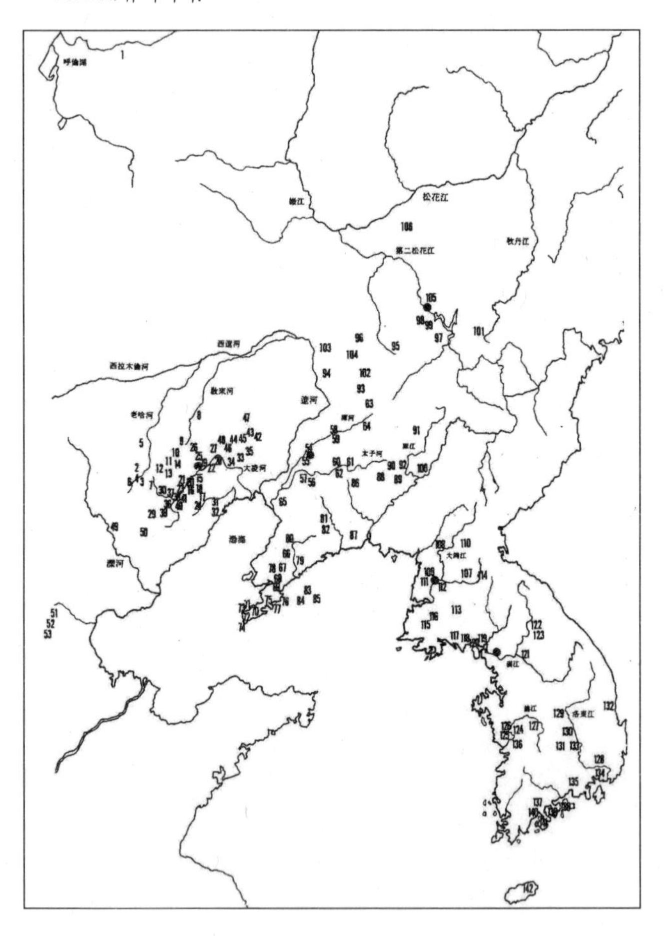

2. 일반적인 비파형동검 분포도[71]

* 세형동검은 작고 흐리게 표기했다

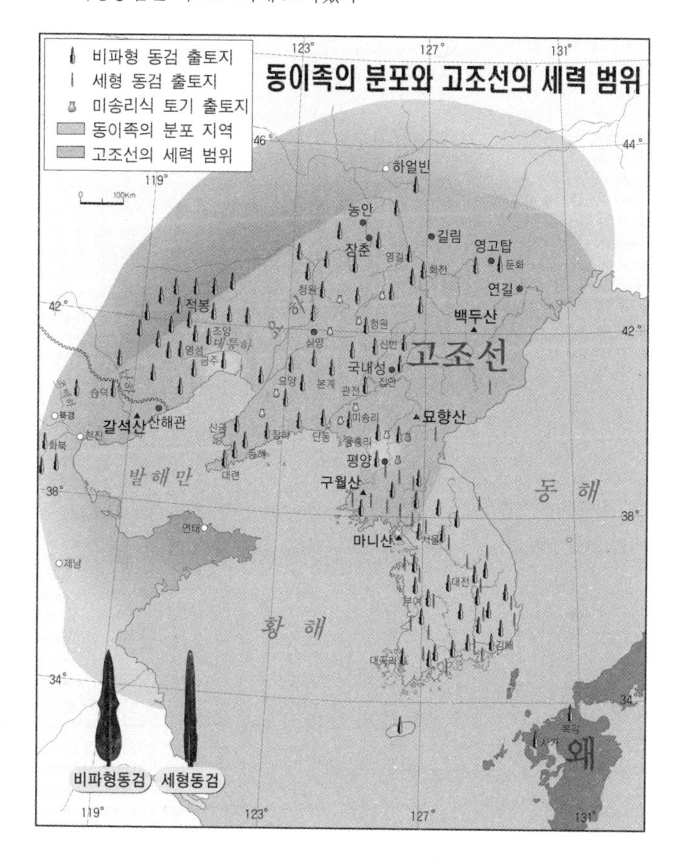

3. 중국 학자들이 그린 분포도[72]

* 점은 단순 지명이고 1-29 숫자가 적힌 곳이 출토 지역이다.

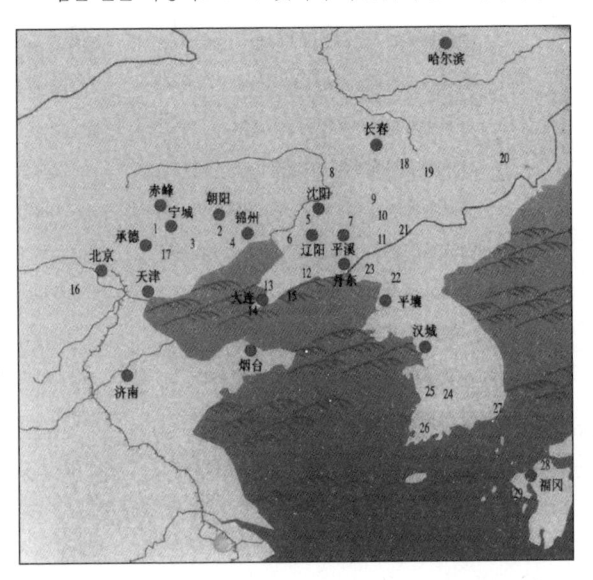

〈자료 42〉 2000년 기준 동북아 출토 비파형동검 지역별 통계[73]

지역		개수	백분비(%)
내몽고 동부 지역		19	6
요녕성 지역	요서	91	27
	요동	128	38
길림-장춘 지역		18	6
한반도 지역		75	23
합계		331 개	100 %

〈자료 43〉 '북방 초원 청동기 문화'와 '비파형동검 문화'의 만남(적봉박물관, 2015.5.12)

* 적봉시 영성현(寧城縣) 남산근(南山根)유지 101호묘 출토

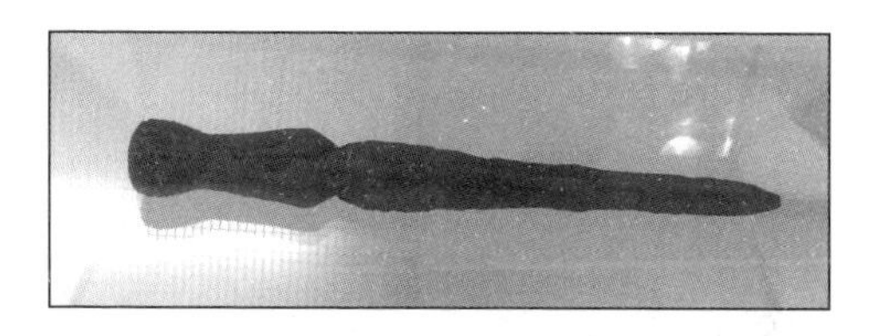

〈자료 44〉 조양시박물관의 비파형동검 전시 박스(2015.5.14 필자 답사 사진)

1. 전시 박스 일대

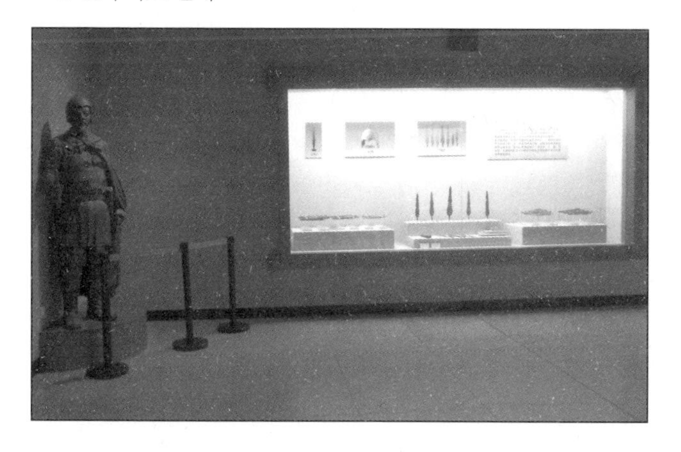

2. 비파형동검 전시 박스

* 이 전시 박스 안에만 21개의 비파형동검과 거푸집이 전시되었다.

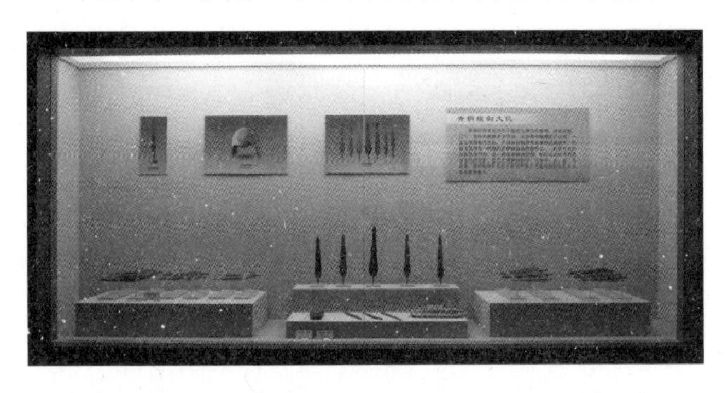

3. 박스 좌측에 전시된 비파형동검 7개

4. 박스 우측에 전시된 비파형동검 6개

5. 박스 중앙에 전시된 비파형동검 8개와 거푸집 1개, 칼자루 끝장식 3개

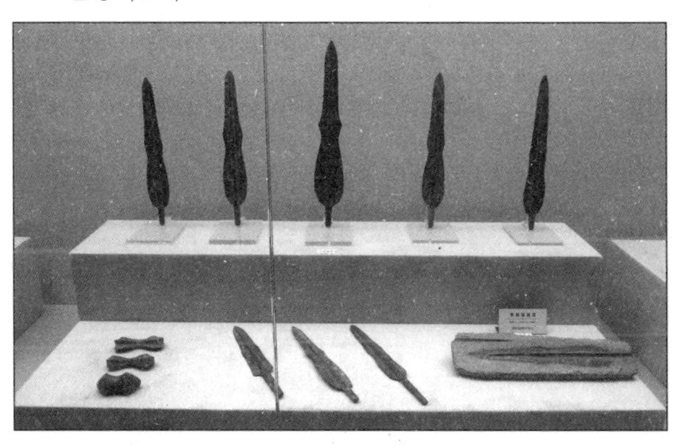

6. 비파형동검을 든 인물상

* 이 인물상은 비파형동검과 같이 출토되는 투구, 갑옷, 청동 단추가 장식된 장화 등을 갖추고 있다.

〈자료 45〉 2017년 요녕성 신민시(新民市) 북외유지(北崴遺址: BP 3800-3000)와 출토된 비파형동검[74]

* 곽대순에 의하면 이것이 현재까지 가장 이른 시기의 비파형동검이다.

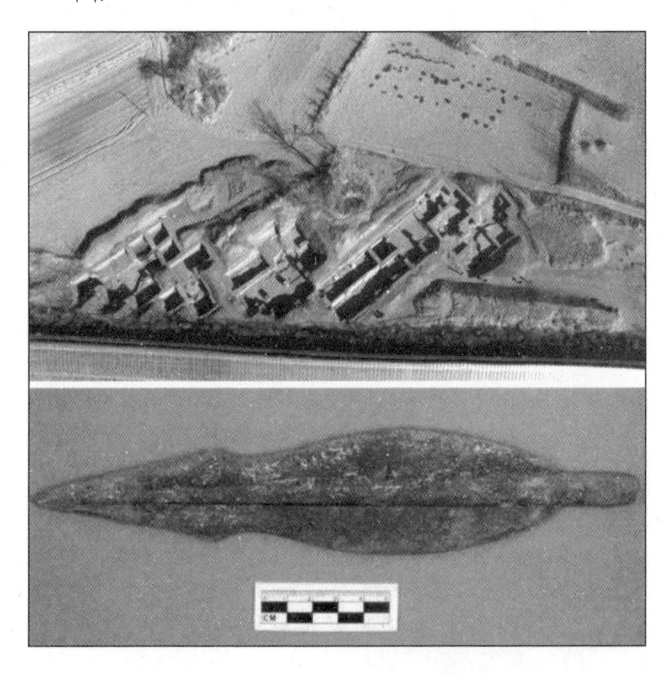

5. 요임금의 도성 평양으로 밝혀진 도사유지와 단군조선

임분시 요도구와 요임금

중국에서는 중화문명의 근원을 탐구한다는 중화문명탐원공정(中華文明探原工程: 2004-2015)을 끝내면서 산서성(山西省) 임분시 양분현(襄汾縣) 도사진(陶寺鎮) 도사향(陶寺鄉) 도사촌(陶寺村)에서 발견된 도사유지를 집중적으로 조명했다. 2015년 12월 중화문명탐원공정을 마무리하는 자리에서 도사유지가 바로 ① 전설 시대로만 알던 요임금의 도성인 평양(平陽)이다. ② 이곳이 '최초의 중국(最早中國)' 이자 '화하민족의 첫 도성(華夏第一都)'이라고 공표했다.

우리나라의 사서에서는 단군조선의 건국과 관련하여 '요임금과 같은 시기' 또는 '요임금 즉위 후 50년' 등으로 언급하고 있다. 중국에서는 2015년 12월에 요임금의 도성이 발굴되었고, 요순시대(堯舜時代)가 실재하는 역사임을 공표했다. 그렇다면 '요임금과 같은 시기'인 단군조선이 단순히 신화가 아니라 실존했을 가능성이 더 커졌다고 본다. 단군조선 연구에 새로운 활력소가 될 수 있을 것이다.

도사유지는 산서성 임분시 양분현 도사진 도사향 도사촌에서 발견되었다. 임분시 일대는 ① 행정중심은 현재도 '요임금의 도성'임을 의미하는 요도구(堯都區)이고 수천 년 전부터 요임금의 도성으로 알려진 곳이다. ② 도사유지가 발견

〈자료 46〉 산서성 임분시의 행정중심지 요도구와 도사유지 위치

1. 임분시의 위치[1]

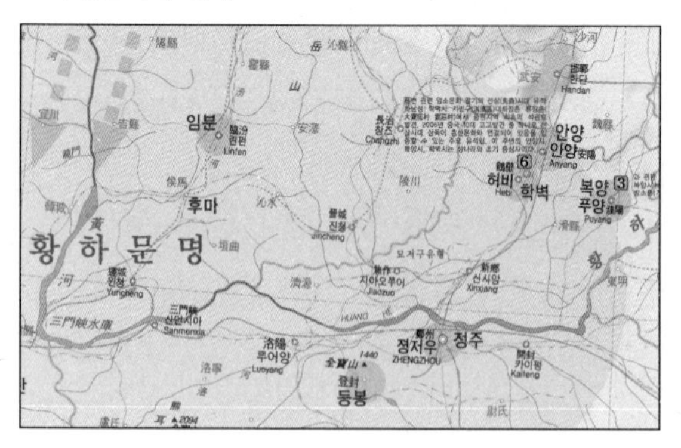

2. 임분시에서 요도구와 도사유지의 위치

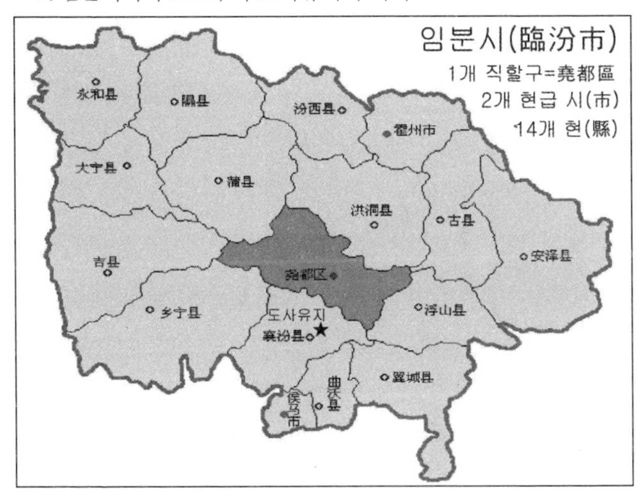

3. 요도구의 요임금 관련 유적[2]

4. 요묘 정문(2016.8.16 필자 답사 사진)

되기 이전부터도 요묘(堯廟), 요능(堯陵), 제요고거(帝堯古居), 고사선동(姑射仙洞) 등 많은 요임금 관련 유적지가 있었다. 이런 전승(傳承)이 도사유지의 발굴을 통해서 정식으로 입증된 것이다.

도사유지의 발견과 요순시대

2015년 6월 18일 국무원 기자회견실에서 열린 '산서성 도사유지 발굴 성과 기자회견'에서 도사유지가 전설로만 전해지던 요임금의 도성인 평양임을 공식적으로 발표했다. 이 기자회견은 ① 12년 동안 지속되었던 중화문명탐원공정의 총책임자이자 중국사회과학원 고고연구소 소장 겸 중국고고학회 이사장인 왕외(王巍)가 직접 나서서 설명했다. ② 기자회견 장소가 사회과학원이나 고고연구소가 아니라 '국무원 기자회견실'이었다는 것은 그 위상을 보여준다. 국가의 공식적인 입장이라는 것이다.[3]

또한 2015년 12월 12일에는 중화문명탐원공정을 마무리하면서 『양분도사: 1978-1985년 발굴보고(襄汾陶寺: 1978-1985年发掘报)』가 출간되었다.[4] 이 책의 출간과 10여 년에 걸친 공정의 마무리를 기념하기 위해서, 2015년 12월 12일 북경에서 '도사유지와 도사문화 출판 학술 연토회(陶寺遺址與陶寺文化出版學術硏討會)'가 열렸다. 도사유지에 대한 새로운 시각의 해석이 중화문명탐원공정의 대미를 장식한 것이다. 도사유지를 간략히 소개하면 아래와 같다.

① 도사유지는 산서성 임분시 양분현 도사진 도사향 도사촌에서 발견된 용산문화 도사유형(陶寺類型) 유적지다. 도사유지는 도사문화로 격상되어 불리기도 한다.

② 전체 유적지 총면적은 430만 제곱미터이며 내성(內城)과 외성(外城)을 갖춘 이중성으로, 외성 안의 면적이 280만 제곱미터, 내성 안의 면적이 13만 제곱미터에 달하는 거대한 '방

국 혹은 왕국단계'의 도성 유적이다.[5]

③ 아래층인 앙소문화 '묘저구 2기 문화'는 나이테 교정을 거친 절대연대가 BC 2900-2800년[6]이다. 도성 유적은 BC 2500-1900년,[7] BC 2450-1900,[8] BC 2500-2000년[9] 등으로 나오는데, 일반적으로는 BC 2500-1900년으로 본다. 직접 발굴을 지휘한 하노(何駑)는 도사유지의 중심 유적은 약 400년 동안 지속되었으며, 조기는 기원전 2300-2100년, 중기는 기원전 2100-2000년, 만기는 기원전 2000-1900년으로 본다.[10]

석경(石磬), 악어가죽으로 만든 북인 타고(鼉鼓) 등이 나오는 가장 큰 무덤들은 '기원전 2400년경의 방국단계 왕릉'으로 본다. 영어 요약문에는 도사유지에 대해서 "기원전 2400년경 조기의 사전(史前) 국가의 수도(the capital city of early prehistoric state around 2400 BC)"로 표현한다.[11] 결국 도사유지의 왕궁은 기원전 2400-2300년경 요임금 시대의 왕궁인 평양이라는 것이다.

④ 도사유지에서는 홍동(紅銅: 청동이 아닌 순동을 말함)으로 만든 중국에서 가장 오래된 동령(銅鈴: 순동 방울)과 순동으로 만든 '톱니가 있는 바퀴'인 동치륜(銅齒輪), 동령을 비롯한 도고(陶鼓)·타고(악어가죽을 덧씌운 북)·석경·도훈(陶塤) 등 각종 악기, 천단(天壇)을 겸했다고 보는 최초의 관상대(觀象

臺)와 남문 밖의 지단(地壇) 등의 제단, 조-중-만기의 내성(=왕궁)과 외성(=외곽성)을 갖춘 이중성 구조의 280만 제곱미터의 거대한 궁성(宮城)과 왕릉, 신분에 따라 나뉜 주거지, 예제(禮制)의 확립, 2개의 문자가 있는 납작한 토기인 '문자편호(文字扁壺)' 등이 발견되어, 명실상부한 '방국단계'에 진입했다고 본다. 도사유지에서 가장 큰 왕릉을 "왕의 신분을 지닌 방국의 수령급 인물(王者身分的方國首領人物)"의 묘로 보고 있다.[12]

도사유지에서는 4개의 작은 동기(銅器)가 발견되는데, 홍동령(紅銅鈴), 홍동환(紅銅環), 비소를 합금한 신동(砷銅)으로 만든 동치륜(銅齒輪), 동용기(銅容器) 잔편(殘片) 등이 발굴되었다. 도사유지에서 발견된 홍동령은 동북아시아에서 가장 이른 '복합 거푸집을 사용한 동기(複合范銅器)'이다. 동용기 잔편은 비소를 섞은 신동으로 만든 것으로 동이모양의 동분(铜盆)의 일부로 보고 있다.[13]

⑤ 각종 문헌기록에 신화처럼 기술된 요순시대가 실존하고, 도사유지가 바로 요임금의 도성인 '평양'이고 '최초의 중국'이라고 본다.[14]

결국 도사유지의 발굴을 통해서, 이제까지 하-상-주로 시작되는 중원 지역 황하문명의 문명사를 그 이전의 요순시대로 끌어올려 '당요(唐堯)→우순(虞舜)→하우(夏禹)→상탕(商湯)→주공(周公)'으로 이어지는 '역사시대의 계보'를 새롭게 재정립하고 인정한 것이다.

특히 도사유지에서 발견된 2개의 문자가 있는 문자편호는 특별한 관심을 끈 것이다. 이 문자편호의 연대는 기원전 2000-1900년이다.[15] 이것이 갑골문보다 600-700년 이른 최초의 문자이다.

〈자료 47〉 도사유지 답사 자료(2016.8.16)

* '최초의 중국' '제요고도' '문자편호'에 보이는 2개의 문자를 강조
* 전체 유적지는 430만 제곱미터, 외성 안은 280만 제곱미터, 내성 안은 13만 제곱미터

1. 전시관 입구

2. 요임금의 왕성인 평양 모형

3. 문자편호에 보이는 중국 최초의 문자 안내문과 사진

4. 문자편호의 '문(文)'자와 '요(堯)'자[16]

* 좌측은 '문'자이고, 우측은 '요'자로 보고 있다. '문'자는 갑골문과 똑같고, '요'에 대해서는 '역(易), 명(明, 命)' 등 이견이 있다.

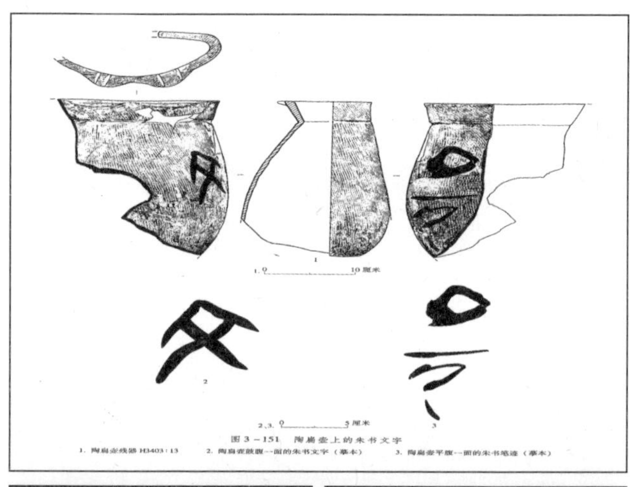

요하문명, 도사유지, 요임금 그리고 단군조선

첫째, 『삼국유사(三國遺事)』 권1 기이1 「고조선(古朝鮮)」에서는 단군조선의 건국과 관련하여, ① 『위서』를 인용한 부분에서는 "요임금과 같은 시기"로, ② 『고기(古記)』를 인용한 부분에서는 "요임금 즉위 50년 후"라고 기록하고 있다.

① (고)조선을 개국했는데, 고(高=堯)와 같은 시기이다.[17]

② 단군왕검이라 불렀다. 당고(唐高)가 즉위한 지 50년인 경인(庚寅)년(당고 즉위 원년은 무진년이니, 50년 후는 정사년이지 경인년이 아니다. 아마도 틀린 것일 것이다)에 평양성(지금의 서경)에 도읍을 정하고 처음으로 조선이라 칭했다.[18]

『위서』를 인용한 부분에서는 단군조선 건국 연대를 당요와 같은 시기로 본다. 『고기』를 인용한 부분에서는 단군조선의 건국 연대에 대해서 '당고=당요=제요=요임금이 즉위한 후 50년'인데, 이것은 경인년(庚寅年)이 아니라 정사년(丁巳年)이라고 수정하고 있다.

그런데 요임금에 대해서 중국 학계에서 통용되는 것은 ① 요가 천자에 오른 해인 제요원년(帝堯元年)을 '갑진년(甲辰年)'이라고 보고, ② 학자들이 여러 자료를 검토하여 내린 제요(=당요)원년은 '기원전 2357년'으로 보고 있다. ③ 20세에 천자에 오르니 생몰연대를 약 기원전 2377-2259년으로 보고 있다.

만일 중국 학계의 논의대로 제요원년을 갑진년인 기원전 2357년으로 보면, ① 단군조선의 건국연대인 '당고가 즉위한 후 50년'은 기원전 2307년이 되고, 현재 통용되는 단군조선의 건국연대인 기원전 2333년과 불과 26년밖에 차이가 나지 않는다. ② '요임금과 같은 시기'인 기원전 2357년으로 본다면 통용되는 기원전 2333년과 불과 24년 차이다. 물론 우리나라에서 통용되는 기원전 2333년은 『삼국유사』에서 일연이 수정한 것처럼 '당고 즉위 원년을 갑진년이 아니라 무진년으로 보고, 이로부터 50년 후인 정사년'이라는 것을 바탕으로 한 것이다. 어떤 것이 더 진실에 가까운 추론인지는 앞으로 연구할 과제이다.

『사기정의(史記正義)』『제왕세기(帝王世紀)』『시경(詩經)』『상서(尙書)』=『서경(書經)』 등 많은 사서는, '요임금의 도읍이 평양이다(堯都平陽)' '요임금이 봉해진 곳이 당국(唐國)이다' 등으로 기록되어 있다. 도사유지의 발굴로 요임금이 전설이나 신화적인 인물이 아니라 실제로 존재했음이 밝혀진 이상, 단군조선에 대한 새로운 시각의 연구가 필요해졌다고 본다.

둘째, 중원 지역에서 요임금의 도성으로 보고 있는 도사유지나 황제의 도성으로 보고 있는 석묘유지 등을 중심으로 방국이 시작될 때, 요서 지역에도 비슷한 시기인 하가점하층문화 시기에 거대한 방국이 존재하고 있었다.

곧 요하문명 지역에서는 하가점하층문화 시기에 ① 중국 고고학의 대원로인 (고) 소병기가 '방국단계의 대국'이라고 부르고, ② 설지강이 '하나라보다 앞서서 건설된 문명고국' 이라고 부르는 대국이 존재하고 있었다. 황하문명 지역에서 요-순-우 시대가 열리는 시기에, 요서 지역에서는 또 다른 고대 국가가 존재하고 있었다는 것이다.

소병기나 설지강의 논지에서, 요하문명의 주도 세력을 황제족으로 끌고 가려는 논의를 제외하고 생각해보자. ① 설지강이 이야기하는 것처럼 서요하 지역에 중원의 '하나라(BC 2070-1600)보다 앞서서 건설된 문명고국'이 있었다면 그것이 바로 단군조선일 가능성이 높다. 그리고 ② 앞서 소병기가 이야기하는 '하가점하층문화 시기 방국단계 대국'도 단군조선일 수 있다.

필자는 홍산문화, 하가점하층문화를 주도한 세력의 일부가 중원으로 남하한 이후에야 지역 토착 세력과 연합된 황제족이 형성되어 요-순-우 시대로 이어진다고 본다. 또한 중원 지역에서 요-순-우 시대가 열릴 때 요서 지역에서 '방국단계 대국' 혹은 '문명고국'이 존재했다면 단군조선일 가능성이 크다고 보는 것이다.

중국의 권위 있는 학자들도 하가점하층문화 시기에 서요하 지역에 '방국단계 대국' 혹은 '문명고국'이 존재했다고 인정하고 있다. 그러나 아직까지도 한국 학계에서는 요하문명에 대한 각종 연구를 중국 학계에서 벌어지는 일이고 우리와는 상관없다는 식의 태도를 보인다. 이제라도 요하문명과 단군조선의 관계, 더 나아가 한반도와 요하문명과의 관계에 대한 연구가 시작되어야 한다. 그렇지 않으면, ① 요하문명의 주도 세력이 황제족이며, ② 후대에 등장하는 이 일대의 모든 북방 민족들은 황제의 후예라는 중국 학계의 견해가 국제 학계에서도 그대로 정설이 될 수밖에 없다.

요하문명은 단군조선을 이루는 기본 토대라는 것이 필자의 생각이다. 이런 까닭에 한국 학계에서 좀 더 많은 학자가 요하문명, 홍산문화에 관심을 두기를 바란다.

6. 요하문명과 한국 학계의 과제

요하문명과 한반도 요약

필자는 앞서 1980년대 이후 본격적으로 전모를 드러내고 있는 요하문명의 각 고고학문화와 한반도와의 관련성을 소개했다. 이것을 간단히 정리해보면 다음과 같다.

첫째, 소하서문화, 흥륭와문화에서 발견되기 시작하는 빗살무늬토기는 중원의 황하문명 지역에서는 발견되지 않는 것으로 만주 일대와 한반도 지역과 연결되는 것이다.[1]

둘째, 흥륭와문화에서 발견되기 시작하는 옥결은 중국의 동해안 일대와 그 남부, 한반도와 일본 지역으로 전파되는

것이다. 이것은 전통적인 동이족의 분포 지역을 중심으로 확산되는 것이다.[2]

셋째, 흥륭와문화 백음장한 2기에서 처음 발견되는 석관적석묘, 토광적석묘 등의 돌무덤은 전형적인 후대의 동이족의 묘제로 홍산문화 시기에는 대표적인 묘제로 자리 잡는다. 이후에는 하가점하층문화 이래로 청동기-철기시대를 거쳐서 요동-요서 지역에서 지속적으로 이어지며, 한반도와 일본 지역에서도 이어진다. 특히 홍산문화에서 최초로 등장하는 돌무덤 계통의 가장 발달한 형태인 계단식 적석총은 요하문명 지역에서 출발해서 후대에는 고구려·백제·가야·일본으로 이어진다.[3]

홍산문화에서 처음 등장하는 계단식 적석총과 고구려의 계단식 적석총은 거의 4000년의 시차가 있는데, 이것을 연결하는 것은 무리라고 이야기하는 사람들이 있다. 그러나 그 4000년은 적석총이 전혀 없었던 비어 있는 공간이 아니다.

동북아시아에서는 ① 이미 8000년 전 흥륭와문화 시기에 거대한 적석석관묘를 만들기 시작해서, ② 홍산문화 시기에는 가장 발달한 형태인 거대한 3층 계단식 적석묘가 등장하고, ③ 홍산문화 이후에 3층 계단식 적석총은 보이지 않지만, 하가점하층문화 이래로 요동-요서를 포함한 만주 일대의 청동기-철기시대·흉노·돌궐·고구려·백제·가야·신라·일본에 이르기까지 수많은 석관묘, 적석석관묘 등 전형적인 돌무덤이 지속해서 이어져 왔다. 그리고 ④ 이런 지속된 돌무덤의 전통을 바탕으로 강력한 고구려가 등장하면서 다시 한 번 거대한 계단식 적석총이 부활하는 것이다. 4000년을 건너뛰고 갑자기 등장하는 것이 아니다.

계단식 적석총이 최초로 등장하는 홍산문화와 고구려 사이의 4000년의 간격은 아무런 연결 고리가 없는 '텅 비어 있는 간격'이 아니라는 것이다. 지속적으로 다양한 형태의 돌무덤이 이어져 왔었고, 고구려가 등장하면서 그들의 강력한 왕권을 상징하는 거대한 계단식 적석총이 재등장하는 것일 뿐이다. 고구려·백제·가야 이후 거의 1500년 동안 한반도에서 거대한 계단식 적석총은 건설되지 않았지만, 그들이 우리의 조상임은 변치 않는 것과 마찬가지다.

넷째, 부하문화에서 발견되는 최초의 골복문화는 중국에서는 주(周)나라 중기 이후에 사라지지만, 한반도 지역에서는 청동기시대·철기시대·삼국시대·통일신라시대까지도 이어진다. 골복문화 역시 동이족 문화의 일부이다. 이것은 골복문화의 전통이 시작된 요하문명과 한반도가 긴밀히 연결되어 있다는 것을 보여주는 것이다.[4]

다섯째, 조보구문화에서 처음 등장하는 흑도를 바탕으로 '도안의 안쪽이나 바깥쪽을 사선, 사선격자문 등을 그어서 제거하고 도안을 도드라지게 만드는 기법'은 조보구문화보다 조금 늦은 신석기시대에, ① 한반도 북부 지역과 한강 일대, ② 연해주 일대의 토기에서도 발견된다. 이러한 기법은 황하문명 지역에서는 발견되지 않는 기법이다. 이것은 요하문명 지역이 황하문명 지역과는 다른 독자적인 문화권이었음을 보여주는 것이고, 연해주와 한반도도 요하문명 지역과 밀접하게 연결되어 있다는 것을 증명해주는 것이다.[5]

여섯째, 홍산문화에서 처음으로 보이는 두개골을 변형시키는 편두 관습은, 고조선의 후예들이 남하한 변한·진한·가야 등지에서도 보인다. 이 역시 요하문명 지역과 한반도의 연관성을 보여주는 중요한 자료 가운데 하나이다.[6]

일곱째, 홍산문화에서 보이는 천지인(天地人) 관념, 원방각(圓方角) 관념, 성수(聖數) 3의 관념, 3.1신(神) 관념 등은 필자가 이론화한 '3수 분화의 세계관(1-3-9-81)'이 홍산문화 시기에 최초로 체계화되었음을 보여주는 것이다. '3수 분화의 세계관'은 후대에 ① 중원 지역에서는 신선사상, 도가사상, 황노학, 도교 등에 그대로 전승되며, ② 한반도 지역에서는 선도, 풍류도, 대종교, 천도교 등의 민족종교에 그대로 전승된다. 이 역시 요하문명과 한반도의 관계를 푸는 중요한 열쇠 가운데 하나라고 본다.[7]

여덟째, 요하문명은 황하문명과는 다른 독자적인 문명이

었다. 그러나 이미 기원전 4000년을 전후한 시기에 이 두 문명 지역은 교류가 시작되었다. 이후 요하문명의 일부는 중원 지역으로 연결되고, 일부는 한반도 지역으로 연결된다. 이런 의미에서 필자는 요하문명을 '동북아시아 공통의 시원문명'이라고 부른다. 그러나 그 주도 세력은 분명히 황하문명과는 다른 세력이고, 이들은 우리 단군조선의 토대를 이루는 세력이라고 본다.

요하문명이나 홍산문화의 주도 세력이 중국 학계에서 이야기하는 것처럼 황제족으로 보는 것은 무리이다. 필자는 ① 홍산인들 가운데 일부 세력들은 중원 지역으로 남하하여, 황하문명을 주도한 세력들과 만나면서 화하족(華夏族)의 조상이라는 독자적인 황제족으로 세력화되며, ② 홍산인들은 이 지역의 토착세력이었던 곰토템족으로, 환웅족이 이주해오면서 단군조선의 일부인 웅녀집단으로 합류하는 세력이라고 본다. ③ 따라서 홍산인들은 황제족과 단군조선 공동의 조상이 될 수 있기에, ④ 요하문명은 '동북아시아 공통의 시원문명'이라고 보는 것이다.

한국 학계의 과제

1980년 이후 요서 지역을 중심으로 형성된 요하문명의 새로운 발견으로 이 지역에서 고대로부터 하나의 거대한 문명이 있었다는 것이 밝혀졌다. 중국 학계에서는 이 요하문명의 주도 세력이 중국인들의 조상이라는 황제족으로 끌고 가고 있지만, 한국의 상고사-고대사와도 밀접히 연결되어 있다.

아래는 필자가 여러 책과 글을 통해서 부분적으로 제시했던 한국 고고-역사학계의 과제를 나름대로 재정리하여 제기하였다. 필자가 제안하는 사항들이 우리 학계의 현실을 볼 때 얼마나 적극적으로 반영될지는 알 수 없다. 그러나 이런 제안들에 대해서 좀 더 열려 있는 학자들을 중심으로 진지하게 논의되기를 진심으로 바란다.[8]

첫째, 요하 일대에 중원의 '황하문명'과는 전혀 이질적이고 새로운 '요하문명'이 있었고, 그 주도 세력들은 우리 민족의 선조들과도 연결된다는 시각을 바탕으로 동북아시아 상고사-고대사를 다시 읽어야 한다. 요하문명의 주도 세력은 중원 지역과도 연결되지만, 한반도와 더 직결되는 사람들이다. 이들을 우리의 역사에서 적극적으로 다루려는 시각이 정립되어야 한다.

둘째, 아직도 풀과 나뭇잎을 엮어서 어깨와 허리를 두른 단군 영정이 많다. 그러나 단군조선의 건국 시기를 기원전 2333년으로 보든, 기원전 10-8세기로 보든 상관없이 단군조선이 건국되는 시기는 그런 원시적인 시대가 아니었음이 이미 요하문명의 발견으로 증명되었다. 이런 인식은 이제 완전히 바뀌어야 한다.

셋째, 요하문명, 홍산문화 지역을 중심으로 좌로는 중원으로 우로는 한반도로 연결된다는 새로운 관점이 필요하다. 필자는 이것을 'A자형 문화대(A字型 文化帶)'라고 부른다. 이것은 소병기가 황하문명과 요하문명과의 교류 관계만을 'Y자형 문화대'로 부르는 것과는 다른 것이다.[9] 필자의 'A자형 문화대' 논의는 2015년에 적봉시에서 열린 '제10회 홍산문화 고봉논단(2015.8.11.)'에서 정식 논문으로 발표되었고, 함께 발표된 논문과 엮어서 책으로 출판되었다.[10]

소병기는 황하문명과 요하문명의 교류관계를 설명하기 위해 'Y자형 문화대'를 주장한 바 있다. 그러나 'Y자형 문화대'는 한반도 지역이 제외된 채 중국 안에서, ① 북방 초원 지역, ② 황하문명 지역, ③ 요하문명 지역을 잇는 것에 불과하다. 물론 이들 지역 사이의 교류관계는 확실히 존재한다.

그러나 필자는 'Y자형 문화대'와 동시에 요하문명이 한반도와 연결되는 것에 대해서도 주목해야 한다고 본다. 이것은 요하문명 지역에서 한반도로 연결되는 ① 세석기문화,

② 빗살무늬토기, ③ 옥결, ④ 골복문화, ⑤ 각종 형태의 돌무덤과 적석총, ⑥ 치를 갖춘 석성, ⑦ 비파형동검 등이 입증하고 있다.

필자가 제시하는 'A자형 문화대'는 ① 요하문명 지역에서 시남방으로 중국의 동해안을 따라 남하하는 노선, ② 요하문명 지역에서 한반도를 거쳐 일본으로 연결되는 노선, ③ 장강하류 지역에서 해로(海路)로 한반도 남부와 일본으로 연결되는 노선을 상정하고 있다.[11]

'A자형 문화대'는 ① 요하문명을 '동북아 공통의 시원문명'으로 삼아서, ② 한-중-몽 공동 연구의 필요성을 인정하

〈자료 48〉 소병기의 'Y자형 문화대'[12]

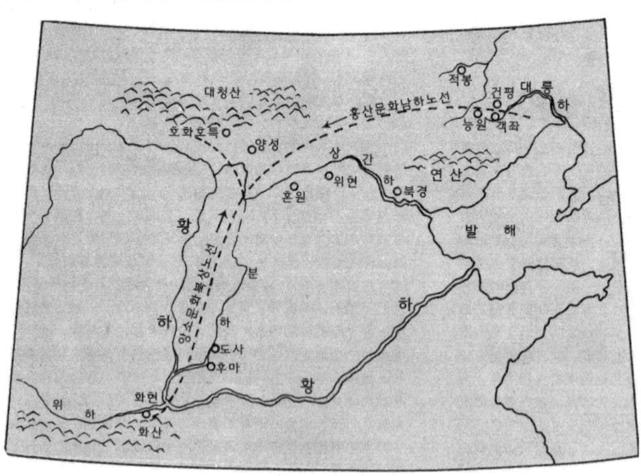

〈자료 49〉 필자의 'A자형 문화대'[13]

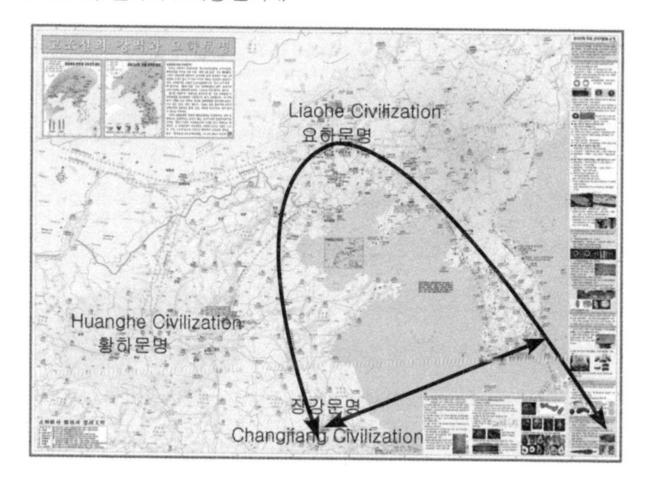

는 것이고, ③ 단군조선의 실체를 좀 더 실제적으로 연구하고 입증할 수 있는 것이며, ④ 미래의 한-중간의 역사 갈등을 방지할 수 있는 시각이다.

넷째, '한반도 중심의 역사관'을 만주와 몽골 초원으로 확대하고, 더 넓게는 중앙아시아와 메소포타미아 지역까지 넓혀서 '교류와 이동의 역사관'으로 새롭게 우리의 상고사를 바라보아야 한다.

현재 한국 상고사-고대사의 기본적인 시각을 정립한 선배 학자들이 한창 연구를 할 때는 북한을 비롯한 중국·몽골·소련·중앙아시아 등 대부분 국가들이 모두 공산권이어서 자유롭게 왕래할 수가 없었다. 역사 연구와 답사의 장이 한반도·만주·일본 지역을 벗어나기 어려웠다.

그러나 이제는 마음만 먹으면 거의 모든 국가에 갈 수 있는 시대이고, 또한 새롭게 발견된 요하문명이 요서 지역에서 전모를 드러내고 있다. 이제는 한국사의 지리적 장을 더 넓게 보며 연구할 필요가 있는 것이다.

다섯째, 새롭게 전모를 드러내는 요하문명, 홍산문화에 대한 다양한 분야의 연구가 이루어져야 한다. 요하문명은 글자 그대로 하나의 거대한 '문명'이다. 하나의 문명에 관한 연구는 고고학자나 역사학자만의 전유물이 절대로 아니다. 고고학, 역사학, 민속학, 사회학, 정치학, 문화학, 종교학, 신화학, 미술, 미학, 건축학, 철학 등 많은 학문 분야에서 연구할 수 있다.

이집트문명의 상형문자 연구는 언어학자들이 연구하고, 그들의 상형문자에 드러난 사후세계나 종교에 대해서는 종교학자나 신화학자가 연구하고, 거대 피라미드에 대해서는 건축학자나 천문학자들이 더 잘 연구할 수 있는 것과 마찬가지다.

실제로 중국에서는 이미 이런 다양한 분야에서 홍산문화에 대한 연구가 이루어지고 발표되고 있다. 우리 학계에서도 다양한 분야에서 요하문명을 연구하는 학자들이 나와야 한다. 또한 고고-역사학이 기후학, 지질학, 문화사, 사상사 등의 연구와 만나 진정한 의미의 '학제간 연구'가 이루어져야 한다.

여섯째, 우리 학계나 언론도 요하문명 지역의 발굴 결과에 대해 항상 관심을 갖고 지켜보아야 한다. 현재 요하문명 지역은 발굴이 진행될수록 그 영역이 점차 확대되고 있어서 ① 기존의 요하문명 지역과, ② 몽골공화국의 동부 지역, ③ 내몽고 동북부의 후룬베이얼(호륜패이)시 지역, ④ 요동반도 지역 등으로 확대되고 있다.

특히 요하문명의 한가운데 자리한 과이심사지는 동서 약 500킬로미터, 남북 약 200킬로미터에 달하는 어머어마한 크기이다. 기원전 3000년 이후 건조화가 시작되어 현재는 사막으로 덮여 있지만, 이 거대한 사막 지역에도 현재까지 알려지지 않은 수많은 유적이 묻혀 있을 것이다. 요하문명 지역의 신석기-청동기시대 유적 가운데 정식 발굴된 것의 수십 배 어쩌면 수백 배나 더 많은 유적이 사막에 묻힌 채 발굴을 기다리고 있을 것이다. 기원전 7000년경의 소하서문화나 기원전 6000년경 흥륭와문화보다 이른 시기의 신석기문화는 언제든지 발견될 가능성이 있다.

아직은 한국 학계나 언론에서 요하문명에 대해서 관심이 많지 않기 때문에, 요하문명을 둘러싸고 중국에서 벌어지는 놀라운 소식들도 모르고 지나가는 경우가 많다. 비근한 예로, ① 2012년 5-7월에 발굴된 '5300년 전 홍산문화 도소남신상(陶塑男神像)'의 발견, ② '국사수정공정'의 시작 소식, ③ '중화문명선전공정' 준비 소식 등은 필자가 최초로 한국 언론에 소개한 것이었다. 또한 적봉시에서 매년 열리는 홍산문화고봉논단에 참가해 발표하는 학자도 필자 외에는 거의 없다. 이제는 학계 차원에서 요하문명의 새로운 발굴 결과를 관찰하고 대응 연구를 해가야 한다.

일곱째, 한반도 고고학에서 중국 학계에서 사용하는 흥륭와문화, 홍산문화 등과 같은 시기별-단계별 '고고학문화'의 설정이 필요하다. 필자가 요하문명에 대해 연구하면서 중국에서 분류하고 있는 소하서문화→흥륭와문화→조보구문화→부하문화→홍산문화→소하연문화→하가점하층문화→하가점상층문화 등 시대순으로 이어진 고고학문화 유형의 설정이 매우 유용하다는 것을 피부로 느낀다. '흥륭와문화' 혹은 '홍산문화'라고 하면, 필자를 포함한 대부분의 중국 학자는 분포 지역, 토기의 유형, 집터의 형태 등을 일목요연하게 머리에 떠올린다.

그러나 한국 고고학에는 아직 이러한 고고학문화 유형이 정리되어 있지 않아 개별 유적지별로 기억해야 한다. 이것은 연구자들뿐만이 아니라 일반인이 우리의 상고사를 이해하는

데도 무척 걸림돌이 된다. 현실적으로 어려움이 있겠지만, 고고-역사학계에서 머리를 맞대고 한반도의 고고학문화 유형 혹은 시기별-단계별 문화권 등을 설정해주면 일반인들의 우리나라 상고사에 대한 이해도가 높아질 것이라고 본다.

여덟째, 늦었지만 이제부터라도 요하문명, 홍산문화를 연구할 수 있는 전문적인 학자를 길러야 한다. 요하문명은 중국이 독점할 수 있는 것이 아니라 '동북아 공통의 시원 문명'이며, 우리의 상고사와도 바로 이어져 있다는 것을 기억해야 한다.

중국 학계의 움직임을 가까이서 지켜보고 있는 필자의 관점에서, 한국의 주류 사학계에서 요하문명에 대한 연구를 하지 않는 현 상황은 참으로 암담할 뿐이다. 주요 대학에서는 요하문명에 대한 정규강좌를 만들어 후학들이라도 가르쳐야 한다. 요하문명을 강의할 수 있는 전문 인력이 부족하다면 중국에서 전문가를 초빙해서라도 강의를 개설해야 한다.

필자는 항공대에서 비록 교양강좌지만 '요하문명의 이해'라는 과목을 개설해서 강의하고 있다. 모르긴 몰라도 우리나라 대학에서 개설 과목명에 요하문명이라는 용어를 사용한 것은 처음일 것이다. 우리나라 학문을 좌지우지하는 큰 대학에서부터라도 요하문명에 대한 정규 강좌를 만들어가야 한다.

요하문명, 홍산문화에 대한 연구 인력이 턱없이 부족한 현실에서, 요하문명 연구의 중심지인 적봉대·길림대·요녕대·요녕사범대 등의 대학이나 요녕성박물관·내몽고박물관·적봉박물관·오한기박물관 등과 ① 방문교수 교환 프로그램, ② 박사 후 과정 교환 프로그램, ③ 대학끼리의 교환학생 프로그램, ④ 박물관끼리의 연구원 교환 프로그램 등을 통해 신진 연구자들이 직접 요하문명의 놀라운 실체를 확인하고 연구할 수 있게 해야 한다. 이런 적극적인 노력 없이는 중국 학자들의 시각과 연구 결과가 전 세계에 통용될 것이다.

아홉째, 중-고등학교 역사 교과서에서도 요하문명에 대해 가르쳐야 한다. 현재, ① 요하문명이 이미 전모를 드러내고 있고, ② 1935년에 처음으로 홍산문화가 발견된 지 벌써 80주년이나 지났으며, ③ 1995년 곽대순에 의해서 요하문명이 명명된 지도 이미 30년이 지났다. 그리고 ④ 중국은 '중화문명전파(선전)공정'을 준비하면서 요하문명에 대한 중국 학계의 입장을 전 세계에 알리고, 요하문명을 중국인의 조상인 황제족으로 끌고 가는 새로운 초-중/고-대학의 역사 교과서를 만들 계획을 하고 있다. 이제는 우리나라도 학생들에게 역사 교과서에서 요하문명에 대해서 가르칠 시기가 되었다고 본다.

최근 논란이 된 국정교과서 이전의 검인정 중·고등학교

역사 교과서를 찾아보니, 요하문명이나 홍산문화에 대해서 간단하게나마 소개하고 있는 것은 단 1종뿐이었다. 그것도 본문이 아니라 참고 사항처럼 박스 처리한 〈그때 그 시절: 랴오닝 지역의 선사 문화〉 부분에서 우하량유지에서 출토된 홍산여신 얼굴, 2점의 옥기 사진과 함께 소개하고 있다(〈자료 50〉 참조).

이것이 요하문명에 대해서 조금이라도 소개하고 있는 유일한 역사 교과서다. 여기에서는 '요하문명'이라는 명칭은 사용하고 있지 않지만, ① "만리장성 밖 동북 만주 지역에서 황하 지역의 문화보다 앞서거나 비슷한 시기의 신석기 문화가 속속 확인"되었다. 그리고 ② 이것은 "황하 지역의 중국 문화와는 구별되는 것"이라고 강조하고, ③ "이 일대의 선사 문화는 청동기시대까지 이어지는데, 한반도 지역에서 많이 발견되는 빗살무늬토기, 돌무지무덤, 고인돌, 비파형동검, 청동거울 등이 대량으로 발굴"된다. ④ 이런 것들이 "고조선의 성립과 발전 등 우리 민족의 역사와 밀접한 관련이 있을 것으로 추정되기도 한다"고 소개하고 있다.

이처럼 요하문명이 '고조선의 성립과 발전 등 우리 민족의 역사와 밀접한 관련이 있을 것으로 추정'된다면, 이제는 학자들이 본격적으로 연구해야 하고, 우리 역사 교과서에서도 정식으로 가르쳐야 한다는 것이다.

〈자료 50〉 역사 교과서에 유일하게 홍산문화를 소개하는 부분[14]

* 교과서의 표기를 그대로 옮겼다.

그때 그시절: 랴오닝 지역의 선사문화(뉴허량의 신석기 유적에서 출토된 여러 가지 모양의 옥기들과 여신상(얼굴))

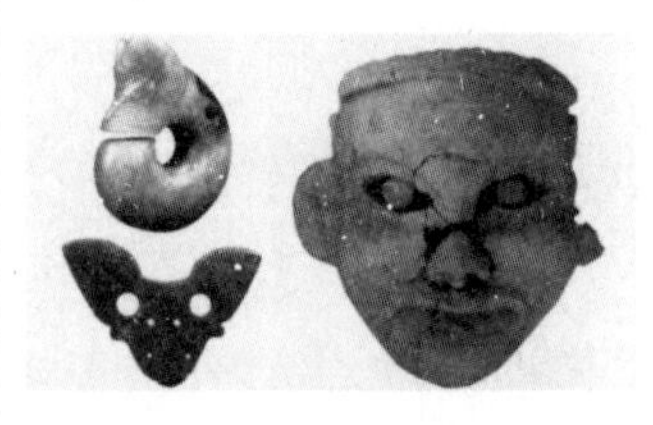

중국 황허강 중류 지역에서 발굴된 신석기 시대 양사오 문화는 황허 문명의 원류로 여겨진다. 그런데 20세기 중반 이후 만리장성 밖 동북 만주 지역에서 황허 지역의 문화보다 훨씬 앞서거나 비슷한 시기의 신석기 문화가 속속 확인되었다. 이들 문화 중 하나인 홍산 문화가 크게 꽃을 피웠던 기원전 3500-3000년경 뉴허량(牛河梁)의 신석기 유적에서는 대규모의 돌무지무덤과 제단이 발견되고, 세련된 옥기들이 대거 출토되었는데 황허 지역의 중국 문화와는 구별되는 것이었다. 이 일대의 선사 문화는 청동기 시대까지 이어지는데, 한반도 지역에서 많이 보이는 빗살무늬토기, 돌무지무덤, 고인돌, 비파형동검, 청동 거울 등이 대량으로 발굴되기도 하였다. 그리하여 고조선의 성립과 발전 등 우리 민족의 역사와 밀접한 관련이 있을 것으로 추정되기도 한다.

열째, 옥기(玉器) 전문가를 길러야 한다. 요하문명, 홍산문화에 대한 연구는 고대 옥기에 대한 전문적인 지식이 없이는 접근하기가 어렵다. 12년 동안 중화문명탐원공정을 이끌었고, 현재 중국사회과학원 고고연구소 소장 겸 중국고고학회 이사장인 왕외가 세계적인 옥기 전문가라는 점은, 동북아 고대 문명사 연구에서 옥기 연구가 얼마나 중요한지를 상징적으로 보여준다.

열한째, 가능하다면 현재의 동북아역사재단을 해체하고 새롭게 '순수한 학술재단'으로 거듭나야 한다. 이사장 아래 실무를 총괄하는 사무총장으로 외교부 관료가 상주하면서 중국과의 외교적 마찰을 우려해 학술적 연구를 통제하는 현재의 운영방식은 잘못된 것이다. 재단법인으로 독립하여 외교 문제와 상관없이 순수하게 학자적 양심에 따라 학술 연구가 이루어질 수 있는 조직으로 거듭나야 한다.

이것이 현실적으로 어렵다면 차선으로, 동북아역사재단에 '요하문명-홍산문화 연구소'를 개설하고 전문 인력을 배치해야 한다. 이 연구소에서 우리의 시각으로 요하문명을 연구하고 우리의 입장을 만들어가야 한다. 현재 있는 '한중관계연구소'에는 요하문명이나 홍산문화 전문가가 단 한 사람도 없다. 요하문명을 바라보는 시각은 앞으로 한국과 중국 사이에 엄청난 역사 갈등을 예고하고 있다. 우리의 시각이 없다면, 요하문명이 중화문명의 시발점이고 그 주도 세력이 중국인의 조상인 황제족이라는 중국 학계의 시각이 전 세계에 확대될 것이다.

열두째, 단군조선을 적극적으로 검토해야 한다. 만주 일대에서 새롭게 발견된 거대한 요하문명은 기존의 어떤 역사책에도 단 한 줄도 기록되어 있지 않은 '철저히 잊혀진 문명'이었다. 전혀 모르던 새로운 거대한 문명이 우리의 상고사-고대사와 연결된 지역에서 발견된 이상 우리의 상고사-고대사 특히 고조선과의 연관성을 연구해야 하는 것은 너무나 당연한 학자들의 임무이다.

중국은 이미 각종 역사 관련 공정들을 통해 그들의 상고사-고대사를 전면적으로 재편하고 있고, 요하문명의 주도 세력이 중국인의 시조인 황제족이라는 학설이 점차 확대되고 있다.

최근 도사유지가 요임금의 왕도(王都)인 평양으로 밝혀졌다. 요임금과 같은 시기라는 단군조선도 단순한 허구나 전설 혹은 신화가 아닐 가능성이 크다. 요하문명 지역에서는, ① 홍산문화 후기에 소병기가 이야기하는 '초기 국가단계의 고국'이 존재했었고, ② 하가점하층문화 시기에는 '방국단계의 대국(소병기)' 혹은 '하나라보다 앞선 문명고국(설지강)'이 존재했음은 의심할 나위가 없다. 하가점하층문화 시기의

'방국단계의 대국' '하나라보다 앞선 문명고국'은 중국의 역사서 어디에도 견주어볼 만한 국가명이 존재하지 않는다. 그것이 우리 역사서에 신화처럼 기록된 단군조선이라고 필자는 본다.

열셋째, 중국인의 신화적 조상들 가운데 중요한 인물들이 왜 동이족으로 기록되어 있는지, 이제는 요하문명의 발견으로 이해할 수 있게 되었다. 단적으로 중국에서 인류의 조상으로 팔괘(八卦)를 그렸다는 태호(太昊) 복희씨(伏羲氏)부터도 동이족으로 기록되어 있을 정도다. 일부 학자들은 중국인의 조상이라는 황제족 자체가 동이족이라고 보기도 한다. 소호(少昊) 금천씨(金天氏), 순(舜)임금, 상족 등등 역사 기록에 동이족으로 기록된 중국인들의 선조들은 너무나 많다.

또한 공자가 왜 구이(九夷)=동이(東夷)에 가서 살고 싶다고 했는지도, 그동안 잊혀 있던 요하문명의 발견으로 진실의 한 면을 보게 되었다. 동이족은 도(道)나 예(禮)가 실현되는 동방의 문명 세력이었다는 것을 공자 시대까지도 전승되었음을 알 수 있다.

요하문명의 앞선 문화를 지니고 중원 쪽으로 남하한 이들이 나중에 동이족으로 기록되는 세력이다. 동이족은 앞선 문명을 지닌 집단이었지, 결코 '동쪽 야만인'이 아니었다. 동북아시아 상고사에서 동이족의 역할은 지대하며, 그 동이족의 선조들이 건설한 것이 요하문명인 것이다.

필자는 우리나라 학계에서 요하문명에 대해서 좀 더 진지하게 연구하는 것이 급선무라고 본다. 새롭게 발견된 이상 관심을 가지고 연구해야 한다는 것이다. 남미나 아프리카에서 발견된 것도 아니고, 우리의 상고사-고대사와 직결되는 만주 일대에서 발견된 새로운 문명을 왜 연구하지 않는가?

7. '동방 르네상스'를 위하여

요하문명의 새로운 발견 이후 중국의 고고-역사학계는 그야말로 벌집을 쑤셔놓은 것 같다. 요하문명의 주도 세력을 '황제족'으로 정리한 이후에는, 아주 차근차근 이런 가설을 정립하기 위해 각종 역사 관련 공정을 진행해왔다.

중국 학계에서는 '중화문명탐원공정' 등 각종 역사 관련 공정을 통해, ① 요하문명, 홍산문화의 주도 세력이 중화민족의 시조인 황제족이라는 새로운 관점을 정립해가고 있고, ② '요하문명의 꽃' 홍산문화의 주도 세력은 구체적으로 황제의 후예인 고양씨(高陽氏) 전욱(顓頊)과 고신씨(高辛氏) 제곡(帝嚳) 집단으로 보고 있다. ③ 따라서 만주 일대에서 등장하는 후대의 모든 소수민족은 황제족의 후예이고, ④ 이 황제족 후예들의 역사는 모두 중국사의 일부이며, ⑤ 이를 토대로 '중화문명 5000년'을 당당하게 주장하고 있다. ⑥ 이제는 전 세계에 이런 상황을 알리는 '중화문명전파(선전)공정'을 준비하고 있다.

우리가 중국 학계의 최근 동향에 적절히 대응하지 않는다면, 우리의 모든 상고사-고대사는 황제족의 방계역사로 전락하게 된다는 점을 분명히 기억해야 한다.

이제까지 이 책을 통해서 살펴본 요하문명-홍산문화를 연구하는 중국 학계와 필자의 기본적인 시각 차이를 비교하여 정리한 것이 〈자료 51〉이다.

〈자료 51〉 요하문명-홍산문화에 대한 중국 학계의 시각과 필자의 시각 비교

구분	중국 학계의 시각	필자의 시각
요하문명의 주도 세력	• 중국인의 시조라는 황제족(黃帝族) • 유웅씨(有熊氏) 황제(黃帝) 집단	• 동이족(東夷族)의 선조
요하문명의 성격	• 중화문명의 시발지	• '동북아 공통의 시원 문명'
요하문명과 주변의 관계	• 소병기: 'Y자형 문화대(Y字形 文化帶)'	• 'A자형 문화대(A字型 文化帶)'
홍산문화의 단계	• 초기 국가단계 = 초기 문명단계 • 추방(酋邦=Chifdom=군장국가) • 고국(古國)단계	• 동의함

홍산문화의 주도 세력	• 황제의 후예인 고양씨(高陽氏) 전욱(顓頊)과 고신씨(高辛氏) 제곡(帝嚳) 집단	• 단군조선 이전의 토착세력 가운데 웅녀족(熊女族)일 가능성이 크다.
하가점하층문화의 단계	• 소병기: '방국(方國) 단계의 대국(大國)' • 설지강: '하(夏)보다 앞선 문명고국(文明古國)' • 그러나 중국의 상고사에서는 견주어볼 만한 국가 이름이 없다.	• 여러 방국(方國 혹은 邦國)들의 연합체 • 단군조선(檀君朝鮮)일 가능성이 크다.

필자는 2000년 요녕대학 한국학과 교수로 재직할 때부터 요하문명 각 지역을 답사하면서 나름대로 연구를 지속하고 있다.

그러나 아직도 한국의 역사-고고학계에서는 요하문명에 대해서 본격적으로 연구하는 사람이 한 손에 꼽을 정도다.

우리나라 대부분의 중·고등학교 역사 교과서에는 비파형동검이 분포하는 요서 지역을 포함한 만주 지역도 '고조선 영역' '고조선의 문화권' '고조선의 세력 범위' 등으로 소개하고 있다.

현재 대부분의 역사 교과서에서 청동기시대를 기원전 2000-1500년 사이에 시작된 것으로 보고, 고조선의 건국을 기원전 2333년이라고 기술하고 있다. 특히 '고조선 문화권' 또는 '고조선 세력 범위' 관련 지도에는 요하문명의 심장부인 요서 지역이 분명하게 포함되어 있다. 요서 지역을 '고조선의 문화권/지역/영역/세력 범위' 등으로 인정하면서, 이 지역에서 새롭게 발견된 요하문명이 우리와 상관없다는 것이 말이 되는가?

요하문명에 대한 연구는 ① 식민사학을 둘러싼 학계의 갈등이나, ② 재야 사학과 강단 사학과의 갈등 문제와도 상관없는 일이고, ③ 민족주의 사학이나 실증주의 사학 등의 문제와도 전혀 상관없는 것이다.

새롭게 발견된 요하문명이 우리의 상고사-고대사와 어떻게 연결되는지를 연구하는 것은 학자로서 당연히 해야 하는 일이다.

중국 학계는 이를 본격적으로 연구하여 그들의 상고사를 완전히 재편하고 있는데, 이 지역이 '고조선의 강역/영향권/문화권'이라고 인정하면서도 강 건너 불구경하듯이 하는 것이 우리의 현실이다. 늦었지만 이제라도 본격적인 연구가 시작되어야 한다.

요하문명을 'A자형 문화대'의 시각으로 바라보고, 또한 '동북아 공통의 시원문명'이라는 인식 아래 한-중-일-몽골 등이 함께 공동연구를 진행할 때, ① 요하문명이 한-중-일-몽골의 공통의 문명적 기반이라는 인식을 확산시킬 수 있다. 그리고 ② 이런 인식을 통해 각 국가 간의 미래의 역사 갈등을 방지하고 동북아문화공동체를 앞당길 수 있으며, ③ 세계의 정치·경제·문화의 중심으로서 동북아시아가 거듭나는 '동방 르네상스'를 이룰 수 있는 밑거름이 될 것이다.

주

1. 글을 시작하며

1) 우실하, 『고조선문명의 기원과 요하문명』, 17-21쪽 참조.
2) 우실하, 『고조선문명의 기원과 요하문명』, (서울: 지식산업사, 2018).
   ______, 『동북공정 너머 요하문명론』, (서울: 소나무, 2007).
   ______, 『고조선의 강역과 요하문명』, (서울: 동아지도, 2007).
   ______, 『동북공정의 선행 작업과 중국의 국가 전략』, (서울: 울력, 2004).
3) 필자의 발표 논문 등을 아래에 소개해 둔다. 필자의 홈페이지(www.gaonnuri.co.kr)에서 좀 더 자세한 정보를 얻을 수 있다.
   1. '제7회 홍산문화고봉논단(2012.9.4-5, 적봉시)' 발표 논문은 아래의 논문집에 중문으로 실렸다.
      禹實夏, "紅红山文化中的雙獸首璜璜形器,玉猪龍與彩虹", 『赤峰学院学报(汉文哲学社会科学版)』, 2013年 第6期, 7-12쪽.
   2. '제9회 홍산문화고봉논단(2014.8.12-13, 적봉시)' 발표 논문은 아래의 논문집과 책에 실려 있다.
      禹實夏, "關于紅山文化各種玉璧象征意義研究", 『紅山文化論壇』, 第1集(2014.6), 79-93쪽.
      禹实夏, "關于紅山文化各種玉璧象征意義研究", 赤峰學院紅山文化研究院(編), 『第九屆虹山文化高峰論壇論文集』, (吉林: 吉林出版集團股份有限公司, 2015), 71-84쪽.
   3. '제10회 홍산문화고봉논단(2015.8.11-12, 적봉시)' 발표 논문은 아래의 책에 실려 있다.
      禹實夏, "遼河文明和'A字形文化帶", 赤峰學院紅山文化研究院(編), 『第十屆虹山文化高峰論壇論文集』, (吉林: 吉林出版集團股份有限公司, 2016), 217-233쪽.

4. '제11회 홍산문화고봉논단(2016.9.8-10)' 발표 논문은 아래의 책에 실려 있다.
禹實夏,"紅山文化和'三数分化的世界觀(1-3-9-81)", 赤峰學院紅山文化硏究院(編), 『第十一屆紅山文化高峰論壇論文集』, (瀋陽: 遙寧人民出版社, 2017), 147-167쪽.
5. '오천년 문명 견증: 홍산문화 발현 80년 학술연토회(五千年文明見證: 紅山文化發現八十年學術硏討會, 2015.12.22-23, 요녕성 대련시)'. 발표 논문은 아래와 같다.
禹實夏,"關于紅山文化各種三孔器的象征意義". (대련, 2015.12.22).
6. '제12회 홍산문화국제고봉논단(2017.8.13-15, 內蒙古, 呼和浩特市, 春雪四季酒店) 발표 논문은 아래의 책에 실려 있다.
禹實夏, "紅山文化'耳瑺'考", 赤峰學院紅山文化硏究院(編), 『第十二屆紅山文化高峰論壇論文集』, (瀋陽: 遙寧民族出版社, 2018, 112-126쪽.

4) 최창원은 사회학 전공으로 예전에 내몽고사범대학 홍덕학원(鴻德學院)에서 한국어를 가르친 경험이 있고, 중국어에 능하기에 홍산문화에 관심이 많은 홍덕학원 원장의 추천으로 현재 한국의 인터넷에 돌아다니는 내용을 정리해서 '홍산문화와 예맥'이라는 제목으로 개괄적인 발표를 했을 뿐이다.

5) 赤峰市, 『紅山後及魏家窩鋪遺址群申遺文本』, 2011. 이 책은 출판되지 않은 적봉시의 내부 자료다. 2011년에 적봉시에 속해 있는 홍산 일대의 홍산유지군(紅山遺址群)과 홍산문화 주거 유적인 위가와포유지군(魏家窩鋪遺址群)을 '유네스코 세계문화 유산'으로 등재 신청하기 위해 적봉시에서 작성하여 국가문물국에 보고한 자료이다. 조양시에서도 홍산문화 우하량유적군에 대한 유사한 보고서를 국가문물국에 제출했다. 이런 내부 보고서를 바탕으로, 현재 내몽고 적봉시에 속한 ① 홍산유지군, ② 위가와포유지군과 요녕성 조양시에 속한 ③ 우하량유지군 세 곳을 묶어서 유네스코 세계문화유산 등재 신청을 준비하고 있다. 2011년 자료를 바탕으로 이 세 곳의 홍산문화유지군은, ① 2012년 11월에 국가문물국에 의해서 '중국 세계문화유산 예비 명단'에 올라가 있으며, ② 2018년까지는 유네스코 세계문화 유산에 올리기 위해 노력하고 있다(牛河梁國家考古遺址公園編輯委員會, 『牛河梁國家考古遺址公園』, (朝陽: 朝陽市牛河梁遺址管理處, 2014), 115-116쪽.

6) 「中國新聞網」, 2018年1月18日. 〈遼寧發現112處新石器時代紅山文化遺址〉. 이 내용은 중국사회과학원의 홈페이지인 중국 사회과학망에도 올려져 있다. 국내 「연합뉴스」 2018.1.20일자 〈중국 랴오닝서 신석기 홍산문화 유적 무더기 발견〉에도 소개되었다.

7) 內蒙古紅山文化學會, 赤峰學院紅山文化研究院, 『赤峰紅山文化學術研究25年回顧與展望』, (赤峰: 赤峰畫報社, 2017). 이 책은 비매품으로 내몽고자치구 성립 70주년을 기념해서 열린 '제12회 홍산문화국제고봉논단(2017.8.13-15, 內蒙古, 呼和浩特市, 春雪四季酒店)'에서 참가자들에게 배포된 것이다. 2017.8월 것은 이 책에 없기에 필자가 덧붙였다(우실하, 『고조선문명의 기원과 요하문명』, (서울: 지식산업사, 2018), 36쪽 〈자료 1-7〉 재인용).

8) 우실하, 위의 책 40-46쪽.

9) 王巍, "文化交流與中華文明的形成, 「光明日報」, 2016.9.17.

10) 任式楠, "兴隆洼文化的发现及其意义: 兼与华北同时期的考古学文化相比较", 『考古』, 1994年 第8期, 710页.

11) 今村啓爾, 『縄文の豊かさと限界』, (東京: 山川出版社, 2002), 3쪽.

12) 中國社會科學院 考古研究所(編), 『中國考古學中碳十四年代數据集 1965-1991』, (北京: 文物出版社, 1992), 내몽고자치구(54-65쪽), 요녕성(66-79쪽). 이 책에는 이 기간에 탄소14 연대 측정법으로 측정된 대부분 정보가 실려 있다. 요하문명 지역의 주요 신석기시대 유적에서 발굴 측정한 것들 가운데 시료를 탄화목으로 측정한 흥륭와문화, 조보구문화, 홍산문화 자료를 필자가 모두 표로 정리한 것이다(우실하, 『고조선문명의 기원과 요하문명』, 45쪽 〈자료 1-9〉 재인용).

2. 요하문명에 대한 간략한 소개

1) 劉国祥, "西辽河流域新石器时代至早期青铜时代考古学文化概論", 『遼寧師範大學學報(社会科学版)』, 2006年 第1期, 113-122쪽.

2) 류국상은 윗글에서 하가점하층문화의 연대를 BC 2000-1500년으로 표기한다. 하가점하층문화의 연대에 대해서 ① 한국 학계에서는 류국상과 마찬가지로 탄소14 측정 연대를 바탕으로 BC 2000-1500년으로 보고 있지만(국립문화재연구소, 『한국고고학사전』, 2001), ② 중국 학계에서는 백

과사전에서도 이미 많은 목탄 시료의 나이테 수정 연대를 통해 절대연대로 BC 2300-1600년으로 보고 있다(百度百科 자료). 다른 신석기시대 고고학문화에서도 절대연대를 사용한 것이므로, 이 책에서는 절대연대인 BC 2300-1600년을 사용하기로 한다. 중국 학계에서 상한과 하한 연대의 기준이 된 몇몇 연대 측정 자료를 소개하면 아래와 같다.

① 적봉시 지주산(蜘蛛山)유지: 나이테 교정 연대 BC 2410, 탄소14 측정 연대 BC 2015(3965±90aBP).

② 북표시(北票市) 풍하(豊下)유지: 나이테 교정 연대 BC 1890±130.

③ 오한기 대전자(大甸子)유지: 나이테 교정 연대 BC 1695±130, BC 1735±135.

3) 蘇秉琦, "論西遼河古文化: 與赤峰史學工作者的談話", 『北方民族文化』, 1993年 增刊; 蘇秉琦, 『華人, 龍的傳人, 中國人』, (瀋陽: 遼寧大學出版社, 1994), 130-131쪽.

4) 薛志强, "紅山諸文化與中華文明", 『中國北方古代文化國際學術討論會論文集』, (北京: 中國文史出版社, 1995), 43-49쪽.

5) 우실하, 『고조선의 강역과 요하문명』, (서울: 동아지도, 2007).

6) 國家文物局(主編), 『中國文物地圖集: 內蒙古自治區分冊(上)』, (西安: 西安地圖出版社, 2003), 36-37쪽. 5-2와 5-3은 이 자료를 부분 확대한 것이다.

7) 우실하, 『고조선의 강역과 요하문명』, (서울: 동아지도, 2007), 부분도.

8) 赤峰市, 『紅山後及魏家窩鋪遺址群申遺文本』, 2011. 적봉시 내부 자료.

9) 『赤峰畫報』, 2015.3., 2쪽. 3월호는 전체가 오한기 특집으로 꾸려져 있다.

10) 이 분포도는 오한기사전문화박물관의 내부 자료를 바탕으로 필자의 지도에 다시 그린 것이다.

11) 郭大順, "玉器的起源與漁獵文化", 『北方文物』, 1996年 第4期; 楊美莉, "試論新石器時代北方系統的環形玉器", 『北方民族文化新論』, (哈爾濱: 哈爾濱出版社, 2001).

12) 우실하, 『고조선문명의 기원과 요하문명』, 제6장, 제9장, 제10장 참조.

13) 遼寧省文物考古研究所(編著), 『牛河梁遺址發掘報告(1983-2003年度): 中』, (北京: 文物出版社, 2012), 483쪽.

14) 『牛河梁遺址發掘報告(1983-2003年度): 中』, 501쪽.

15) 우실하, "요하문명, 홍산문화 지역의 지리적 기후적 조건", 『고조선단군학』, 제30호(2014), 243-245쪽을 일부 수정한 것이다.

16) 國家文物局(主編), 『中國文物地圖集: 遼寧分冊(上)』, 西安地圖出版社, 2009, 18쪽. 〈요녕성문물단위통계총표(遼寧省文物單位統計總表)〉 참조.

17) 國家文物局(主編), 『中國文物地圖集: 內蒙古自治區分冊(上)』, (西安: 西安地圖出版社, 2003), 55쪽의 내몽고 동부 신석기시대 유적 분포도와 國家文物局(主編), 『中國文物地圖集: 遼寧分冊(上)』, (西安: 西安地圖出版社, 2009), 56-57쪽의 요녕성 신석기시대 유적 분포도를 필자가 포토샵 프로그램으로 합성한 것이다.

18) 이 자료는 國家文物局(主編), 『中國文物地圖集: 內蒙古自治區分冊(上)』, (西安: 西安地圖出版社, 2003), 56-57쪽의 내몽고 동부 지역의 청동기시대 유적 분포도와, 國家文物局(主編), 『中國文物地圖集: 遼寧分冊(上)』, (西安: 西安地圖出版社, 2009), 58-59쪽의 요녕성 지역 청동기 유적 분포도를 필자가 포토샵에서 합성해서 재구성한 것이다.

19) 우실하, "요하문명, 홍산문화 지역의 지리적 기후적 조건", 『고조선단군학』, 제30호(2014), 213-251쪽.

20) 劉莉 (陳星燦 等 譯), 『中國新石器時代: 迈向早期國家之路』, (北京: 文物出版社, 2007): 許宏, 『最早的中國』, (北京: 科學出版社, 2009), 52쪽에서 재인용. 본래 책은 Li Liu & Xingcan Chen, State Formation in Early China, London: Duckworth, 2003.

21) 우실하, "요하문명, 홍산문화 지역의 지리적 기후적 조건", 『고조선단군학』, 제30호(2014), 240쪽. 〈자료 16〉.

3. 중국 학계의 상고사 재편 움직임

1) 우실하, 『고조선문명의 기원과 요하문명』, (서울: 지식산업사, 2018), 제3장, 제12장 참조.

2) 우실하, 위의 책, 제3장 참조. 이 내용들을 간단히 도표로 정리한다.

3) 우실하, 위의 책, 589-591쪽(제12장 1-1) 참조.

4) 우실하, 위의 책, 590쪽 〈자료 12-1〉.

5) 우실하, 위의 책, 595쪽 〈자료 12-2〉.

4. 요하문명과 한반도의 연관성

1) 『中國社會科學院考古硏究所內蒙古工作隊1987年發掘資料』, 1989年에 소개된 아래의 논문에서 정식으로 '소하서문화'로 명명되었다. 楊虎, 『敖漢旗愉樹山, 西梁遺址』, (北京: 文物出版社, 1990).
2) 烏蘭, "西遼河地區小河西文化聚落的微觀分析", 『赤峰學院學報(漢文哲學社會科學版)』, 2014年 3期, 2쪽.
3) 오학기사전문화박물관 전시 안내 자료.
4) 국립문화재연구소, 『고성 문암리유적 Ⅱ: 발굴조사보고서』, 16-17쪽.
5) 中国社会科学院考古研究所内蒙古工作队, "内蒙古敖汉旗兴隆洼遗址发掘简报", 『考古』, 1985年 10期.
6) 李學來, "古老塞北村落 奇特室內葬俗: 內蒙古敖漢旗興隆洼新石器時代遺址", 考古雜誌社(編著), 『二十世紀中國百項考古大發現』, (北京: 中國社會科學出版社, 2002), 46쪽.
7) 北京市文物研究所 等, "北京平谷上宅新石器时代遗址发掘简报", 『文物』, 1989年 8期, 〈图九〉.
8) 우실하, 『고조선문명의 기원과 요하문명』, 제6장 참조.
9) 우실하, 『고조선의 강역과 요하문명』, (서울: 동아지도, 2007), 부분도.
10) 임승경, "중국 동북지역 신석기시대 옥문화", 『한국 선사, 고대의 옥문화 연구』, (釜山: 복천박물관, 2013), 37쪽.
11) 하인수, "신석기시대 옥기의 기초적 검토", 『한국 선사, 고대의 옥문화 연구』, (釜山: 복천박물관, 2013), 82쪽.
12) 국립문화재연구소, 『고성 문암리유적』, 2004, 343쪽.
13) 쿠니키다 다이(國本田大), 요시다 쿠니오(吉田邦父), 김은영, "고성 문암리유적 출토 토기의 연대측정 결과와 소견", 『문화재』, 제40호(2007), 434쪽.
14) 하인수, 「신석기시대 옥기의 기초적 검토」『한국 선사, 고대의 옥문화 연구』 2013년 복천박물관, 82쪽 표 1, 83쪽 도면 1.
15) 國家文物局, 中和人民共和國科學技術部, 遼寧省人民政府(編), 『遼河尋根文明溯源』, (北京: 文物出版社, 2011), 50-51쪽. 〈'玦文化圈' 示意圖〉에서 필요한 부분만 가져와서 숫자의 크기를 잘 보이게 더 크게 표기했다.
16) 內蒙古自治區文物考古研究所, 『白音長汗: 新石器時代遺址發掘報

告』, (北京: 科學出版社, 2004), 下권, 1=彩板9-1, 2=彩板9-3, 3=彩板1-3, 4=彩板3-3.

17) 『白音長汗: 新石器時代遺址發掘報告: 下』, 1=彩板10-1, 2=彩板10-2.

18) 譚玉華, "中国東南地區石構墓葬研究", 中央民族大學 碩士學位論文(2007年 5月), 6쪽

19) 譚玉華, "中国東南地區石構墓葬研究", 中央民族大學 碩士學位論文(2007年 5月), 6쪽

20) 徐光冀,"内蒙古巴林左旗富河沟门遗址发掘简报", 『考古』, 1964年 第1期, 5쪽 주석 1 참조.

21) 徐光冀,"内蒙古巴林左旗富河沟门遗址发掘简报", 3쪽 (전체는 1-5쪽).

22) 徐光冀,"内蒙古巴林左旗富河沟门遗址发掘简报", 圖版 1-9 (6쪽).

23) 徐光冀,"内蒙古巴林左旗富河沟门遗址发掘简报", 1쪽.

24) 中國社會科學院考古研究所甘青考古隊, "甘青武山傅家門史前文化遺址發掘簡報", 『考古』, 1995年 第4期.

25) 河南省文物研究所, 長江流域規劃辦公室考古隊, 『淅川下王岗』, (北京: 文物出版社, 1989), 200쪽.

26) 우실하, 『고조선문명의 기원과 요하문명』, 제7장 참조.

27) 은화수, "한국 출토 복골에 대한 고찰", 『호남고고학보』, 10권(1999), 14쪽 〈표 1〉을 바탕으로 논문을 쓴 1999년 이후에 발굴된 것을 첨가하여 필자가 새로운 양식으로 그린 것이다.

28) 은화수의 본문에는 "복골은 청동기시대 후기에 속하는 8호, 13호, 14호 주거지와, 철기시대에 속하는 17호, 21호 주거지에서 각각 1점씩 출토되었다(11쪽)."고 하여 총 5개라고 했으나, 14쪽 〈표 1〉에는 4개로 기록하고 있다. 본문을 따라 5개로 수정했다.

29) 은화수의 글 각주 23에 의하면 1998년 조사에서도 다량의 복골이 발견되었다고 한다.

30) 中國社會科學院考古研究所內蒙古工作隊, "內蒙古敖漢旗趙寶溝一號遺址發掘簡報", 『考古』, 1988年 第1期.

31) 中國社會科學院考古研究所內蒙古工作隊, "內蒙古敖漢旗小山遺址", 496쪽 〈圖 4〉.

32) 中國社會科學院考古研究所內蒙古工作隊, "內蒙古敖漢旗小山遺址", 486쪽 〈圖 6〉의 일부. 이 글에서는 직선기하문(直線幾何紋)으로 소

개되어 있다.

33) 中國社會科學院考古硏究所內蒙古工作隊, "內蒙古敖漢旗小山遺址", 487쪽 〈圖 7〉의 일부.

34) 中國社會科學院考古硏究所內蒙古工作隊, "內蒙古敖漢旗小山遺址", 488쪽 〈圖 8〉의 일부.

35) 한영희, "신석기시대-지역적 비교", 『한국사론, 12권』, (서울: 국사편찬위원회, 1983), 512쪽.

36) 우실하, 『전통문화의 구성 원리』, (서울: 소나무, 1997), 101쪽 〈도표 4-12〉. 이 자료는 아래의 글에 보이는 자료에서 번개무늬토기를 골라서 재편집한 것이다.

그림 ①: 김원룡, 『한국 고고학 개설』, (서울: 일조각, 1986년 3판), 49쪽.

그림 ②-⑥: 한영희, "신석기시대-지역적 비교", 513-514쪽.

37) 조선유적유물도감편찬위원회, 『조선유적유물도감 1: 원시편』, (평양: 과학원출판사, 1990), 동광출판사, 1990년 영인본, 68쪽.

38) 조선유적유물도감편찬위원회, 위의 책, 112쪽.

39) 1. 국립문화재연구소, 『아무르·연해주의 신비: 한러 공동발굴특별전』, 1은 49쪽, 2는 51쪽.

2. 러시아과학원 시베리아지부 고고학민족학연구소 홈페이지 (http://www.sati.archaeology.nsc.ru/gen-i/Virtual/Amur/Artefacts/Vessels_and_vase.htm)

이 홈페이지의 초기화면의 좌측 상단에도 '아무르의 얼굴'이 상징 마크처럼 올라가 있다.

40) 우실하, 『고조선문명의 기원과 요하문명』, 제9장, 제10장 참조.

41) 遼寧省文物考古硏究所, 『牛河梁遺址發掘報告(1983-2003年度): 中』, 483쪽.

42) 옥기시대 논의와 진행 과정에 대해서 상세하게 논의하지는 않는다. 이에 대해서는 아래의 해당 부분에 주요 학자들의 논리가 잘 정리되어 있으니 참고하기 바란다.

張明華, 『中國玉器發見與硏究100年』, (上海: 上海書店出版社, 2004), 192-194쪽.

43) 郭大順, "從牛河梁遺址看紅山文化的社會變革", 中國社會科學院考古硏究所, 中國社會科學院古代文明硏究中心(編), 『古代文明硏究』, (北京: 文物出版社, 2005), 118-123쪽.

곧, (1) 적석총 한가운데 있는 4방향에서 2-3단의 계단식으로 파 내려가 묘광을 만든 중심대묘(中心大墓), (2) 묘광의 한쪽만 2-3단의 계단식으로 파 내려가 묘광을 만든 대계식묘(臺階式墓), (3) 갑류(甲類) 석관묘, (4) 을류(乙類) 석관묘, (5) 부속묘(付屬墓)로 나눈다.

44) 우실하, 『고조선문명의 기원과 요하문명』, 469-470, 476-479쪽 참조.

45) 遼寧省文物考古硏究所, 『牛河梁遺址發掘報告(1983-2003年度): 下』, (北京: 文物出版社, 2012), 圖版 38.

46) 雷廣臻(主編), 『牛河梁紅山文化遺址巨型禮儀建築群綜合硏究』(北京: 科學出版社, 2015), 44쪽 圖 16.

47) 『牛河梁遺址發掘報告(1983-2003年度): 下』, 도판2 제13지점.

48) 우실하, 위의 책, 483쪽 〈자료 9-61〉-3.

49) 『牛河梁遺址發掘報告(1983-2003年度): 中』, 501쪽.

50) 『三國志』「魏書, 東夷傳」: 兒生 便以石壓其頭 欲其褊 今辰韓人皆褊頭.

51) 『牛河梁遺址發掘報告(1983-2003年度): 中』, 501쪽 〈표 11〉.

52) 위의 책, 494쪽 도19.

53) 王弘力(編注), 『古篆釋源』, (瀋陽: 遼寧美術出版社, 1997), 3쪽.

54) 서길수, "고구려 석성의 시원에 관한 연구-신석기시대 석성", 『고구려발해연구』, 23집(2006.6), 112-113쪽 〈표 1〉 참조.

55) 서길수, 위의 책, 제31집(2008.7), 45쪽.

56) 서길수, "하가점하층문화(夏家店下層文化)의 석성(石城) 연구", 114쪽.

57) 國家文物局, 『2006 中國重要考古發見』, (北京: 文物出版社, 2007), 46쪽. 아래 평면도와 비교하기 위해서 사진을 180도 돌렸다.

58) 서길수, "하가점하층문화(夏家店下層文化)의 석성(石城) 연구", 94쪽 〈그림 69〉.

59) 蘇秉基, 『華人, 龍的傳人, 中國人: 考古尋根記』, (瀋陽: 遼寧大學出版社, 1994), 도입부 칼라 도판에 대한 설명문.

60) 蘇秉琦, "論西遼河古文化 : 與赤峰史學工作者的談話", 『北方民族文化』, 1993年 增刊; 蘇秉琦, 『華人, 龍的傳人, 中國人』, (瀋陽: 遼寧大學出版社, 1994), 130-131쪽.

61) 薛志强, "紅山諸文化與中華文明", 『中國北方古代文化國際學術討論會論文集』, (北京: 中國文史出版社, 1995), 43-49쪽.

62) 이상·주진오 외, 『역사(상)』, (서울: 천재교육, 2011), 34쪽.

63) 이문기 외, 『중학교 역사(상)』, (서울: 두산, 2011), 31쪽.

64) 양호환 외, 『중학교 역사(상)』, (서울: 교학사, 2011), 36쪽.
65) 김종수 외, 『고등학교 한국사』, (서울: 금성출판사, 2014), 29쪽.
66) 김정배, "동북아의 비파형동검문화에 대한 종합적 연구", 4쪽 〈표 1〉. 상세한 출토지는 82쪽 분포도와 83-94쪽 '동북아 출토 비파형동검 일람' 참조.
67) 조양시 박물관의 전시 안내문에는 (1) 주상정비파형곡인검(柱狀鋌琵琶形曲刃劍)과 (2) 공병곡인검(銎柄曲刃劍) 두 가지로 나누어진다. 두 가지 모두에서 칼날이 곡선으로 되어 있다는 '곡인검'이라는 것이 넓은 의미의 비파형동검을 의미하는 것이다.
68) 「遼寧日報」, 2018.01.19, 〈2017年度我省重要考古成果发布〉. 이 기사는 중국사회과학원 고고연구소 홈페이지(www.kaogu.cn)에도 새로운 소식으로 실려있다.
http://www.kaogu.cn/cn/xccz/20180119/60778.html
「瀋陽日報」, 2018.01.19, 〈沈阳北崴遗址出土青铜短剑 完善青铜考古学序列〉.
「中国新闻网」, 2018.02.10, 〈辽宁北崴遗址出土东北地区年代最早青铜剑〉
69) 「中国新闻网」, 2018.02.10, 〈辽宁北崴遗址出土东北地区年代最早青铜剑〉
70) 김정배, "동북아의 비파형동검문화에 대한 종합적 연구", 82쪽.
71) 기존의 역사 교과서와 중국 자료 등을 종합하여 필자의 의뢰로 동아지도에서 새로 그린 것이다.
72) 陳萬雄(主編), 『東北文化: 白山黑水中的農牧文明』, (上海: 上海遠東出版社, 1998), 56쪽 〈示意圖 5〉 青銅短劍遺存分布圖.
73) 김정배, 위의 책, 4쪽 〈표 1〉.
74) 「遼瀋晚報」, 2018-01-18, 〈沈阳发现最早青铜短剑已沉睡3000年〉.

5. 요임금의 도성 평양으로 밝혀진 도사유지와 단군조선

1) 우실하, 『고조선의 강역과 요하문명』, (서울: 동아지도, 2007), 부분도
2) 堯都區文物旅遊局, 『堯都平陽』, 1쪽.
3) 霍文琦, 齊澤垚, "陶寺遺址考古發掘成果在京發布", 「中國社會科學網」, 2015.6.18.

4) 中國社會科學院考古研究所, 山西省臨汾市文物局(編著), 『襄汾陶寺: 1978-1985年考古發掘報告)』, (北京: 文物出版社, 2015). 이 보고서는 총 4권으로 구성되어 있다.

5) 1. 『襄汾陶寺: 1978-1985年考古發掘報告, 第1冊』, 11쪽.
   2. 梁星彭, 嚴志斌, "山西襄汾陶寺文化城址", 『2001年中國重要考古發見』, (北京: 文物出版社, 2002).
   3. 中國社會科學院考古研究所山西工作隊 等, "山西襄汾陶寺城址2002年發掘報告", 『考古學報』, 2005年 第3期.

6) 『襄汾陶寺: 1978-1985年考古發掘報告, 第1冊』, 120쪽.

7) 위의 책, 388-390쪽.

8) 『襄汾陶寺: 1978-1985年考古發掘報告, 第3冊』, 1,348쪽 영문요약.

9) 張江凱, 魏峻, 『新石器時代考古』, (北京: 文物出版社, 2004), 230-231쪽.

10) 何駑, "陶寺文化譜系研究綜論", 『古代文明(第3卷)』, (北京: 文物出版社, 2004).

11) 『襄汾陶寺: 1978-1985年考古發掘報告, 第3冊』, 1,351쪽 영문요약.

12) 『襄汾陶寺: 1978-1985年考古發掘報告, 第2冊』, 528쪽.

13) 許宏, "邁入青銅時代 : 資源視角下的文明擴張", 『發現中國』, 創刊號(2012年1月). 이글은 아래의 블로그에도 올려져 있다. http://blog.sina.com.cn/s/blog_4ac539700102dvfz.html

14) 百度百科 '도사유지' 항목 참고.

15) 『襄汾陶寺: 1978-1985年考古發掘報告, 第3冊』, 1349쪽.

16) 좌: 위의 책, 第1冊, 369쪽 도3-151, 중: 위의 책, 第4冊, 彩版 9, 우: 위의 책, 第4冊』, 彩版 10.

17) 『三國遺事』, 紀異 第1 古朝鮮(王儉朝鮮): 魏書云, 乃往二千載有壇君王儉, 立都阿斯達(經云無葉山, 亦云白岳, 在白州地, 或云在開城東, 今白岳宮是), 開國號朝鮮, 與高同時.

18) 『三國遺事』, 紀異 第1 古朝鮮(王儉朝鮮): 古記云, 昔有桓國(謂帝釋也)庶子桓雄, ...(중략)...號曰壇君王儉. 以唐高卽位五十年庚寅(唐高卽位元年戊辰, 則五十年丁巳, 非庚寅也, 疑其未實), 都平壤城(今西京), 始稱朝鮮.

6. 요하문명과 한국 학계의 과제

1) 우실하, 『고조선문명의 기원과 요하문명』, 2018, 제5장 참조.
2) 우실하, 위의 책, 제6장 참조.
3) 우실하, 위의 책, 제6장, 제9장 참조.
4) 우실하, 위의 책, 제7장 참조.
5) 우실하, 위의 책, 제8장 참조.
6) 우실하, 위의 책, 제9장 참조.
7) 우실하, 『3수 분화의 세계관』, (서울: 소나무, 2012), 참조. 우실하, 위의 책, 제10장 참조.
8) 우실하, 위의 책, 제14장-2 참조.
9) 소병기의 'Y자형 문화 벨트'론은 1988년에 최초로 제기하여 그의 서로 다른 책들에 실려 있고, 필자의 책에서도 소개한 바 있다.
   ① 蘇秉琦, "中華文明的新曙光", 『東南文化』, 1988年 第5期.
   ② 蘇秉琦, "中華文明的新曙光", 『華人, 龍的傳人, 中國人: 考古尋根記』, (瀋陽: 遼寧大學出版社, 1994), 85쪽 〈圖3, 北方 – 中原文化聯接示意圖〉.
   ③ 蘇秉琦, "中華文明的新曙光", 『蘇秉琦文集 (三)』, (北京: 文物出版社, 2009), 51쪽. 〈圖4, 北方 – 中原文化聯接示意圖〉.
   ④ 우실하, 『동북공정 너머 요하문명론』, (서울: 소나무, 2007), 〈자료 2-28〉.
10) '제10회 홍산문화고봉논단(2015.8.11-12, 적봉시)' 발표 논문은 아래의 책으로 출판되었다.
   禹實夏, "遼河文明和'A字形文化帶", 赤峰學院紅山文化研究院(編), 『第十屆虹山文化高峰論壇論文集』, (吉林: 吉林出版集團股份有限公司, 2016), 217-233쪽.
11) 禹實夏, "遼河文明和'A字形文化帶", 223쪽.
12) 蘇秉琦, "中華文明的新曙光", 『華人, 龍的傳人, 中國人: 考古尋根記』, 85쪽 〈圖3, 北方 – 中原文化聯接示意圖〉; 蘇秉琦, "中華文明的新曙光", 『蘇秉琦文集 (三)』, 51쪽. 〈圖4, 北方 – 中原文化聯接示意圖〉; 우실하, 『동북공정 너머 요하문명론』, 〈자료 2-28〉.
13) 禹實夏, "遼河文明和'A字形文化帶", 223쪽 〈資料 7〉.
14) 한철호 외, 『고등학교 한국사』, (서울: 미래엔, 2011), 4쇄(2014), 13쪽.

프랑스엔 〈크세주〉, 일본엔 〈이와나미 문고〉,
한국에는 〈살림지식총서〉가 있습니다.

001 미국의 좌파와 우파 | 이주영
002 미국의 정체성 | 김형인
003 마이너리티 역사 | 손영호
004 두 얼굴을 가진 하나님 | 김형인
005 MD | 정욱식
006 반미 | 김진웅
007 영화로 보는 미국 | 김성곤
008 미국 뒤집어보기 | 장석정
009 미국 문화지도 | 장석정
010 미국 메모랜덤 | 최성일
011 위대한 어머니 여신 | 장영란
012 변신이야기 | 김선자
013 인도신화의 계보 | 류경희
014 축제인류학 | 류정아
015 오리엔탈리즘의 역사 | 정진농
016 이슬람 문화 | 이희수
017 살롱문화 | 서정복
018 추리소설의 세계 | 정규웅
019 애니메이션의 장르와 역사 | 이용배
020 문신의 역사 | 조현설
021 색채의 상징, 색채의 심리 | 박영수
022 인체의 신비 | 이성주
023 생물학무기 | 배우철
024 이 땅에서 우리말로 철학하기 | 이기상
025 중세는 정말 암흑기였나 | 이경재
026 미셸 푸코 | 양운덕
027 포스트모더니즘에 대한 성찰 | 신승환
028 조폭의 계보 | 방성수
029 성스러움과 폭력 | 류성민
030 성상 파괴주의와 성상 옹호주의 | 진형준
031 UFO학 | 성시정
032 최면의 세계 | 설기문
033 천문학 탐구자들 | 이면우
034 블랙홀 | 이충환
035 법의학의 세계 | 이윤성
036 양자 컴퓨터 | 이순칠
037 마피아의 계보 | 안혁
038 헬레니즘 | 윤진
039 유대인 | 정성호
040 M. 엘리아데 | 정진홍
041 한국교회의 역사 | 서정민
042 야웨와 바알 | 김남일
043 캐리커처의 역사 | 박창석
044 한국 액션영화 | 오승욱
045 한국 문예영화 이야기 | 김남석
046 포켓몬 마스터 되기 | 김윤아
047 판타지 | 송태현
048 르 몽드 | 최연구
049 그리스 사유의 기원 | 김재홍
050 영혼론 입문 | 이정우
051 알베르 카뮈 | 유기환
052 프란츠 카프카 | 편영수
053 버지니아 울프 | 김희정
054 재즈 | 최규용
055 뉴에이지 음악 | 양한수
056 중국의 고구려사 왜곡 | 최광식
057 중국의 정체성 | 강준영
058 중국의 문화 코드 | 강진석
059 중국사상의 뿌리 | 장현근
060 화교 | 정성호
061 중국인의 금기 | 장범성
062 무협 | 문현선
063 중국영화 이야기 | 임대근
064 경극 | 송철규
065 중국적 사유의 원형 | 박정근
066 수도원의 역사 | 최형걸
067 현대 신학 이야기 | 박만
068 요가 | 류경희
069 성공학의 역사 | 정해윤
070 진정한 프로는 변화가 즐겁다 | 김학선
071 외국인 직접투자 | 송의달
072 지식의 성장 | 이한구
073 사랑의 철학 | 이정은
074 유교문화와 여성 | 김미영
075 매체 정보란 무엇인가 | 구연상
076 피에르 부르디외와 한국사회 | 홍성민
077 21세기 한국의 문화혁명 | 이정덕
078 사건으로 보는 한국의 정치변동 | 양길현
079 미국을 만든 사상들 | 정경희
080 한반도 시나리오 | 정욱식
081 미국인의 발견 | 우수근
082 미국의 거장들 | 김홍국
083 법으로 보는 미국 | 채동배
084 미국 여성사 | 이창신
085 책과 세계 | 강유원
086 유럽왕실의 탄생 | 김현수
087 박물관의 탄생 | 전진성
088 절대왕정의 탄생 | 임승휘
089 커피 이야기 | 김성윤
090 축구의 문화사 | 이은호
091 세기의 사랑 이야기 | 안재필
092 반연극의 계보와 미학 | 임준서

093 한국의 연출가들 | 김남석
094 동아시아의 공연예술 | 서연호
095 사이코드라마 | 김정일
096 철학으로 보는 문화 | 신응철
097 장 폴 사르트르 | 변광배
098 프랑스 문화와 상상력 | 박기현
099 아브라함의 종교 | 공일주
100 여행 이야기 | 이진홍
101 아테네 | 장영란
102 로마 | 한형곤
103 이스탄불 | 이희수
104 예루살렘 | 최창모
105 상트 페테르부르크 | 방일권
106 하이델베르크 | 곽병휴
107 파리 | 김복래
108 바르샤바 | 최건영
109 부에노스아이레스 | 고부안
110 멕시코 시티 | 정혜주
111 나이로비 | 양철준
112 고대 올림픽의 세계 | 김복희
113 종교와 스포츠 | 이창익
114 그리스 미술 이야기 | 노성두
115 그리스 문명 | 최혜영
116 그리스와 로마 | 김덕수
117 알렉산드로스 | 조현미
118 고대 그리스의 시인들 | 김헌
119 올림픽의 숨은 이야기 | 장원재
120 장르 만화의 세계 | 박인하
121 성공의 길은 내 안에 있다 | 이숙영
122 모든 것을 고객중심으로 바꿔라 | 안상헌
123 중세와 토마스 아퀴나스 | 박경숙
124 우주 개발의 숨은 이야기 | 정홍철
125 나노 | 이영희
126 초끈이론 | 박재모·현승준
127 안토니 가우디 | 손세관
128 프랭크 로이드 라이트 | 서수경
129 프랭크 게리 | 이일형
130 리차드 마이어 | 이성훈
131 안도 다다오 | 임채진
132 색의 유혹 | 오수연
133 고객을 사로잡는 디자인 혁신 | 신언모
134 양주 이야기 | 김준철
135 주역과 운명 | 심의용
136 학계의 금기를 찾아서 | 강성민
137 미·중·일 새로운 패권전략 | 우수근
138 세계지도의 역사와 한반도의 발견 | 김상근
139 신용하 교수의 독도 이야기 | 신용하
140 간도는 누구의 땅인가 | 이성환
141 말리노프스키의 문화인류학 | 김용환
142 크리스마스 | 이영제
143 바로크 | 신정아
144 페르시아 문화 | 신규섭
145 패션과 명품 | 이재진
146 프랑켄슈타인 | 장정희
147 뱀파이어 연대기 | 한혜원
148 위대한 힙합 아티스트 | 김정훈
149 살사 | 최명호
150 모던 걸, 여우 목도리를 버려라 | 김주리
151 누가 하이카라 여성을 데리고 사누 | 김미지
152 스위트 홈의 기원 | 백지혜
153 대중적 감수성의 탄생 | 강심호
154 에로 그로 넌센스 | 소래섭
155 소리가 만들어낸 근대의 풍경 | 이승원
156 서울은 어떻게 계획되었는가 | 염복규
157 부엌의 문화사 | 함한희
158 칸트 | 최인숙
159 사람은 왜 인정받고 싶어하나 | 이정은
160 지중해학 | 박상진
161 동북아시아 비핵지대 | 이삼성 외
162 서양 배우의 역사 | 김정수
163 20세기의 위대한 연극인들 | 김미혜
164 영화음악 | 박신영
165 한국독립영화 | 김수남
166 영화와 샤머니즘 | 이종승
167 영화로 보는 불륜의 사회학 | 황혜진
168 J.D. 샐린저와 호밀밭의 파수꾼 | 김성곤
169 허브 이야기 | 조태동·송진희
170 프로레슬링 | 성민수
171 프랑크푸르트 | 이기식
172 바그다드 | 이동은
173 아테네인, 스파르타인 | 윤진
174 정치의 원형을 찾아서 | 최자영
175 소르본 대학 | 서정복
176 테마로 보는 서양미술 | 권용준
177 칼 마르크스 | 박영균
178 허버트 마르쿠제 | 손철성
179 안토니오 그람시 | 김현우
180 안토니오 네그리 | 윤수종
181 박이문의 문학과 철학 이야기 | 박이문
182 상상력과 가스통 바슐라르 | 홍명희
183 인간복제의 시대가 온다 | 김홍재
184 수소 혁명의 시대 | 김미선
185 로봇 이야기 | 김문상
186 일본의 정체성 | 김필동
187 일본의 서양문화 수용사 | 정하미
188 번역과 일본의 근대 | 최경옥
189 전쟁국가 일본 | 이성환
190 한국과 일본 | 하우봉
191 일본 누드 문화사 | 최유경
192 주신구라 | 이준섭
193 일본의 신사 | 박규태
194 미야자키 하야오 | 김윤아
195 애니메이션으로 보는 일본 | 박규태
196 디지털 에듀테인먼트 스토리텔링 | 강심호
197 디지털 애니메이션 스토리텔링 | 배주영
198 디지털 게임의 미학 | 전경란
199 디지털 게임 스토리텔링 | 한혜원
200 한국형 디지털 스토리텔링 | 이인화

201 디지털 게임, 상상력의 새로운 영토 | 이정엽
202 프로이트와 종교 | 권수영
203 영화로 보는 태평양전쟁 | 이동훈
204 소리의 문화사 | 김토일
205 극장의 역사 | 임종엽
206 뮤지엄건축 | 서상우
207 한옥 | 박명덕
208 한국만화사 산책 | 손상익
209 만화 속 백수 이야기 | 김성훈
210 코믹스 만화의 세계 | 박석환
211 북한만화의 이해 | 김성훈·박소현
212 북한 애니메이션 | 이대연·김경임
213 만화로 보는 미국 | 김기홍
214 미생물의 세계 | 이재열
215 빛과 색 | 변종철
216 인공위성 | 장영근
217 문화콘텐츠란 무엇인가 | 최연구
218 고대 근동의 신화와 종교 | 강성열
219 신비주의 | 금인숙
220 십자군, 성전과 약탈의 역사 | 진원숙
221 종교개혁 이야기 | 이성덕
222 자살 | 이진홍
223 성, 그 억압과 진보의 역사 | 윤가현
224 아파트의 문화사 | 박철수
225 권오길 교수가 들려주는 생물의 섹스 이야기 | 권오길
226 동물행동학 | 임신재
227 한국 축구 발전사 | 김성원
228 월드컵의 위대한 전설 | 서준형
229 월드컵의 강국들 | 심재희
230 스포츠 마케팅의 세계 | 박찬혁
231 일본의 이중권력, 쇼군과 천황 | 다카시로 고이치
232 일본의 사소설 | 안영희
233 글로벌 매너 | 박한표
234 성공하는 중국 진출 가이드북 | 우수근
235 20대의 정체성 | 정성호
236 중년의 사회학 | 정성호
237 인권 | 차병직
238 헌법재판 이야기 | 오호택
239 프라하 | 김규진
240 부다페스트 | 김성진
241 보스턴 | 황선희
242 돈황 | 전인초
243 보들레르 | 이건수
244 돈 후안 | 정동섭
245 사르트르 참여문학론 | 변광배
246 문체론 | 이종오
247 올더스 헉슬리 | 김효원
248 탈식민주의에 대한 성찰 | 박종성
249 서양 무기의 역사 | 이내주
250 백화점의 문화사 | 김인호
251 초콜릿 이야기 | 정한진
252 향신료 이야기 | 정한진
253 프랑스 미식 기행 | 심순철
254 음식 이야기 | 윤진아
255 비틀스 | 고영탁
256 현대시와 불교 | 오세영
257 불교의 선악론 | 안옥선
258 질병의 사회사 | 신규환
259 와인의 문화사 | 고형욱
260 와인, 어떻게 즐길까 | 김준철
261 노블레스 오블리주 | 예종석
262 미국인의 탄생 | 김진웅
263 기독교의 교파 | 남병두
264 플로티노스 | 조규홍
265 아우구스티누스 | 박경숙
266 안셀무스 | 김영철
267 중국 종교의 역사 | 박종우
268 인도의 신화와 종교 | 정광흠
269 이라크의 역사 | 공일주
270 르 코르뷔지에 | 이관석
271 김수영, 혹은 시적 양심 | 이은정
272 의학사상사 | 여인석
273 서양의학의 역사 | 이재담
274 몸의 역사 | 강신익
275 인류를 구한 항균제들 | 예병일
276 전쟁의 판도를 바꾼 전염병 | 예병일
277 사상의학 바로 알기 | 장동민
278 조선의 명의들 | 김호
279 한국인의 관계심리학 | 권수영
280 모건의 가족 인류학 | 김용환
281 예수가 상상한 그리스도 | 김호경
282 사르트르와 보부아르의 계약결혼 | 변광배
283 초기 기독교 이야기 | 진원숙
284 동유럽의 민족 분쟁 | 김철민
285 비잔틴제국 | 진원숙
286 오스만제국 | 진원숙
287 별을 보는 사람들 | 조상호
288 한미 FTA 후 직업의 미래 | 김준성
289 구조주의와 그 이후 | 김종우
290 아도르노 | 이종하
291 프랑스 혁명 | 서정복
292 메이지유신 | 장인성
293 문화대혁명 | 백승욱
294 기생 이야기 | 신현규
295 에베레스트 | 김법모
296 빈 | 인성기
297 발트3국 | 서진석
298 아일랜드 | 한일동
299 이케다 하야토 | 권혁기
300 박정희 | 김성진
301 리콴유 | 김성진
302 덩샤오핑 | 박형기
303 마거릿 대처 | 박동운
304 로널드 레이건 | 김형곤
305 셰이크 모하메드 | 최진영
306 유엔사무총장 | 김정태
307 농구의 탄생 | 손대범
308 홍차 이야기 | 정은희

309 인도 불교사 | 김미숙
310 아힌사 | 이정호
311 인도의 경전들 | 이재숙
312 글로벌 리더 | 백형찬
313 탱고 | 배수경
314 미술경매 이야기 | 이규현
315 달마와 그 제자들 | 우봉규
316 화두와 좌선 | 김호귀
317 대학의 역사 | 이광주
318 이슬람의 탄생 | 진원숙
319 DNA분석과 과학수사 | 박기원
320 대통령의 탄생 | 조지형
321 대통령의 퇴임 이후 | 김형곤
322 미국의 대통령 선거 | 윤용희
323 프랑스 대통령 이야기 | 최연구
324 실용주의 | 이유선
325 맥주의 세계 | 원융희
326 SF의 법칙 | 고장원
327 원효 | 김원명
328 베이징 | 조창완
329 상하이 | 김윤희
330 홍콩 | 유영하
331 중화경제의 리더들 | 박형기
332 중국의 엘리트 | 주장환
333 중국의 소수민족 | 정재남
334 중국을 이해하는 9가지 관점 | 우수근
335 고대 페르시아의 역사 | 유흥태
336 이란의 역사 | 유흥태
337 에스파한 | 유흥태
338 번역이란 무엇인가 | 이향
339 해체론 | 조규형
340 자크 라캉 | 김용수
341 하지홍 교수의 개 이야기 | 하지홍
342 다방과 카페, 모던보이의 아지트 | 장유정
343 역사 속의 채식인 | 이광조
344 보수와 진보의 정신분석 | 김용신
345 저작권 | 김기태
346 왜 그 음식은 먹지 않을까 | 정한진
347 플라멩코 | 최명호
348 월트 디즈니 | 김지영
349 빌 게이츠 | 김익현
350 스티브 잡스 | 김상훈
351 잭 웰치 | 하정필
352 워렌 버핏 | 이민주
353 조지 소로스 | 김성진
354 마쓰시타 고노스케 | 권혁기
355 도요타 | 이우광
356 기술의 역사 | 송성수
357 미국의 총기 문화 | 손영호
358 표트르 대제 | 박지배
359 조지 워싱턴 | 김형곤
360 나폴레옹 | 서정복
361 비스마르크 | 김장수
362 모택동 | 김승일
363 러시아의 정체성 | 기연수
364 너는 시방 위험한 로봇이다 | 오은
365 발레리나를 꿈꾼 로봇 | 김선혁
366 로봇 선생님 가라사대 | 안동근
367 로봇 디자인의 숨겨진 규칙 | 구신애
368 로봇을 향한 열정, 일본 애니메이션 | 안병욱
369 도스토예프스키 | 박영은
370 플라톤의 교육 | 장영란
371 대공황 시대 | 양동휴
372 미래를 예측하는 힘 | 최연구
373 꼭 알아야 하는 미래 질병 10가지 | 우정헌
374 과학기술의 개척자들 | 송성수
375 레이첼 카슨과 침묵의 봄 | 김재호
376 좋은 문장 나쁜 문장 | 송준호
377 바울 | 김호경
378 테킬라 이야기 | 최명호
379 어떻게 일본 과학은 노벨상을 탔는가 | 김범성
380 기후변화 이야기 | 이유진
381 샹송 | 전금주
382 이슬람 예술 | 전완경
383 페르시아의 종교 | 유흥태
384 삼위일체론 | 유해무
385 이슬람 율법 | 공일주
386 금강경 | 곽철환
387 루이스 칸 | 김낙중·정태용
388 톰 웨이츠 | 신주현
389 위대한 여성 과학자들 | 송성수
390 법원 이야기 | 오호택
391 명예훼손이란 무엇인가 | 안상운
392 사법권의 독립 | 조지형
393 피해자학 강의 | 장규원
394 정보공개란 무엇인가 | 안상운
395 적정기술이란 무엇인가 | 김정태·홍성욱
396 치명적인 금융위기, 왜 유독 대한민국인가 | 오형규
397 지방자치단체, 돈이 새고 있다 | 최인욱
398 스마트 위험사회가 온다 | 민경식
399 한반도 대재난, 대책은 있는가 | 이정직
400 불안사회 대한민국, 복지가 해답인가 | 신광영
401 21세기 대한민국 대외전략 | 김기수
402 보이지 않는 위협, 종북주의 | 류현수
403 우리 헌법 이야기 | 오호택
404 핵심 중국어 간체자(简体字) | 김현정
405 문화생활과 문화주택 | 김용범
406 미래 주거의 대안 | 김세용·이재준
407 개방과 폐쇄의 딜레마, 북한의 이중적 경제 | 남성욱·정유석
408 연극과 영화를 통해 본 북한 사회 | 민병욱
409 먹기 위한 개방, 살기 위한 핵외교 | 김계동
410 북한 정권 붕괴 가능성과 대비 | 전경주
411 북한을 움직이는 힘, 군부의 패권경쟁 | 이영훈
412 인민의 천국에서 벌어지는 인권유린 | 허만호
413 성공을 이끄는 마케팅 법칙 | 추성엽
414 커피로 알아보는 마케팅 베이직 | 김민주
415 쓰나미의 과학 | 이호준
416 20세기를 빛낸 극작가 20인 | 백승무

525 조선왕조실록 3 | 이성무
526 조선왕조실록 4 | 이성무
527 조선왕조실록 5 | 이성무
528 조선왕조실록 6 | 편집부
529 정한론 | 이기용
530 청일전쟁 (근간)
531 러일전쟁 (근간)
532 이슬람 전쟁사 | 진원숙
533 소주이야기 | 이지형
534 북한 남침 이후 3일간, 이승만 대통령의 행적 | 남정옥
535 제주 신화 1 | 이석범
536 제주 신화 2 | 이석범
537 제주 전설 1 | 이석범
538 제주 전설 2 | 이석범
539 제주 전설 3 | 이석범
540 제주 전설 4 | 이석범
541 제주 전설 5 | 이석범
542 제주 민담 | 이석범
543 서양의 명장 | 박기련
544 동양의 명장 | 박기련
545 루소, 교육을 말하다 | 고봉만·황성원
546 철학으로 본 앙트러프러너십 | 전인수
547 예술과 앙트러프러너십 | 조명계
548 문화마케팅 (근간)
549 비즈니스상상력 | 전인수
550 개념설계의 시대 | 전인수
551 미국 독립전쟁 | 김형곤
552 미국 남북전쟁 | 김형곤
553 초기불교 이야기 | 곽철환
554 한국가톨릭의 역사 | 서정민
555 시아 이슬람 | 유흥태
556 스토리텔링에서 스토리두잉으로 | 윤주
557 백세시대의 지혜 | 신현동
558 구보 씨가 살아온 한국 사회 | 김병희
559 정부광고로 보는 일상생활사 | 김병희
560 정부광고의 국민계몽 캠페인 | 김병희
561 도시재생 이야기 | 윤주
562 한국의 핵무장 | 김재엽
563 고구려 비문의 비밀 | 정호섭
564 비슷하면서도 다른 한중문화 | 장범성
565 급변하는 현대 중국의 일상 | 장시·리우린, 장범성
566 중국의 한국 유학생들 | 왕링윈·장범성
567 밥 딜런 그의 나라에는 누가 사는가 | 오민석
568 언론으로 본 정부정책의 변천 | 김병희
569 전통과 보수의 나라 영국 1-영국 역사 | 한일동
570 전통과 보수의 나라 영국 2-영국 문화 | 한일동
571 전통과 보수의 나라 영국 3-영국 현대 | 김언조
572 제1차 세계대전 | 윤형호
573 제2차 세계대전 | 윤형호
574 라벨로 보는 프랑스 포도주의 이해 | 전경준

요하문명과 한반도

펴낸날 초판 1쇄 2019년 3월 7일

지은이 우실하
펴낸이 심만수
펴낸곳 (주)살림출판사
출판등록 1989년 11월 1일 제9-210호

주소 경기도 파주시 광인사길 30
전화 031-955-1350 팩스 031-624-1356
홈페이지 http://www.sallimbooks.com
이메일 book@sallimbooks.com

ISBN 978-89-522-4042-2 04080
978-89-522-0096-9 04080 (세트)

※ 값은 뒤표지에 있습니다.
※ 잘못 만들어진 책은 구입하신 서점에서 바꾸어 드립니다.

이 도서의 국립중앙도서관 출판시도서목록(CIP)은 서지정보유통지원시스템 홈페이지(http://seoji.nl.go.kr)와 국가자료공동목록시스템(http://www.nl.go.kr/kolisnet)에서 이용하실 수 있습니다.(CIP제어번호: CIP2019006491)

책임편집·교정교열 최문용

085 책과 세계

강유원(철학자)

책이라는 텍스트는 본래 세계라는 맥락에서 생겨났다. 인류가 남긴 고전의 중요성은 바로 우리가 가 볼 수 없는 세계를 글자라는 매개를 통해서 우리에게 생생하게 전해 주는 것이다. 이 책은 역사라는 시간과 지상이라고 하는 공간 속에 나타났던 텍스트를 통해 고전에 담겨진 사회와 사상을 드러내려 한다.

056 중국의 고구려사 왜곡

eBook

최광식(고려대 한국사학과 교수)

중국의 고구려사 왜곡의 숨은 의도와 논리, 그리고 우리의 대응 방안을 다뤘다. 저자는 동북공정이 국가 차원에서 진행되는 정치적 프로젝트임을 치밀하게 증언한다. 경제적 목적과 영토 확장의 이해관계 등이 복잡하게 얽혀 있는 동북공정의 진정한 배경에 대한 설명, 고구려의 역사적 정체성에 대한 문제, 고구려사 왜곡에 대한 우리의 대처방법 등이 소개된다.

291 프랑스 혁명

eBook

서정복(충남대 사학과 교수)

프랑스 혁명은 시민혁명의 모델이자 근대 시민국가 탄생의 상징이지만, 그 실상을 아는 사람은 많지 않다. 프랑스 혁명이 바스티유 습격 이전에 이미 시작되었으며, 자유와 평등 그리고 공화정의 꽃을 피기 위해 너무 많은 피를 흘렸고, 혁명의 과정에서 해방과 공포가 엇갈리고 있었다는 등의 이야기를 통해 프랑스 혁명의 실상을 소개한다.

139 신용하 교수의 독도 이야기

eBook

신용하(백범학술원 원장)

사학계의 원로이자 독도 관련 연구의 대가인 신용하 교수가 일본의 독도 영토 편입문제를 걱정하며 일반 독자가 읽기 쉽게 쓴 책. 저자는 역사적으로나 국제법상으로 실효적 점유상으로나, 어느 측면에서 보아도 독도는 명백하게 우리 땅이라고 주장하며 여러 가지 역사적인 자료를 제시한다.

144 페르시아 문화

eBook

신규섭(한국외대 연구교수)

인류 최초 문명의 뿌리에서 뻗어 나와 아랍을 넘어 중국, 인도와 파키스탄, 심지어 그리스에까지 흔적을 남긴 페르시아 문화에 대한 개론서. 이 책은 오랫동안 베일에 가려 있던 페르시아 문명을 소개하여 이슬람에 대한 편견과 오해를 바로 잡는다. 이태백이 이란계였다는 사실, 돈황과 서역, 이란의 현대 문화 등이 서술된다.

086 유럽왕실의 탄생

김현수(단국대 역사학과 교수)

인류에게 '예술과 문명' 그리고 '근대와 국가'라는 개념을 선사한 유럽왕실. 유럽왕실의 탄생배경과 그 정체성은 무엇인가? 이 책은 게르만의 한 종족인 프랑크족과 메로빙거 왕조, 프랑스의 카페 왕조, 독일의 작센 왕조, 잉글랜드의 웨섹스 왕조 등 수많은 왕조의 출현과 쇠퇴를 통해 유럽 역사의 변천을 소개한다.

016 이슬람 문화

이희수(한양대 문화인류학과 교수)

이슬람교와 무슬림의 삶, 테러와 팔레스타인 문제 등 이슬람 문화 전반을 다룬 책. 저자는 그들의 멋과 가치관을 흥미롭게 설명하면서 한편으로 오해와 편견에 사로잡혀 있던 시각의 일대 전환을 요구한다. 이슬람교와 기독교의 관계, 무슬림의 삶과 낭만, 이슬람 원리주의와 지하드의 실상, 팔레스타인 분할 과정 등의 내용이 소개된다.

100 여행 이야기

eBook

이진홍(한국외대 강사)

이 책은 여행의 본질 위를 '길거리의 철학자'처럼 편안하게 소요한다. 먼저 여행의 역사를 더듬어 봄으로써 여행이 어떻게 인류 역사의 형성과 같이해 왔는지를 생각하고, 다음으로 여행의 사회학적 · 심리학적 의미를 추적함으로써 여행에 어떤 의미를 부여할 것인가에 대해 말한다. 또한 우리의 내면과 여행의 관계 정의를 시도한다.

293 문화대혁명 중국 현대사의 트라우마

eBook

백승욱(중앙대 사회학과 교수)

중국의 문화대혁명은 한두 줄의 정부 공식 입장을 통해 정리될 수 없는 중대한 사건이다. 20세기 중국의 모든 모순은 사실 문화대혁명 시기에 집약되어 있다고 해도 과언이 아니다. 사회주의 시기의 국가 · 당 · 대중의 모순이라는 문제의 복판에서 문화대혁명을 다시 읽을 필요가 있는 지금, 이 책은 문화대혁명에 대한 안내자가 될 것이다.

174 정치의 원형을 찾아서

eBook

최자영(부산외국어대학교 HK교수)

인류가 걸어온 모든 정치체제들을 매우 짧은 기간 동안 시험하고 정비한 나라, 그리스. 이 책은 과두정, 민주정, 참주정 등 고대 그리스의 정치사를 추적하고, 정치가들의 파란만장한 일화 등을 소개하고 있다. 특히 이 책의 저자는 아테네인들이 추구했던 정치방법이 오늘 우리 사회가 당면한 문제를 해결할 수 있는 지혜의 발견에 도움을 줄 수 있을 것이라고 말한다.

420 위대한 도서관 건축순례

eBook

최정태(부산대학교 명예교수)

이 책은 도서관의 건축을 중심으로 다룬 일종의 기행문이다. 고대 도서관에서부터 21세기에 완공된 최첨단 도서관까지, 필자는 가능한 많은 도서관을 직접 찾아보려고 애썼다. 미처 방문하지 못한 도서관에 대해서는 문헌과 그림 등 가능한 많은 정보를 수집하려 노력했다. 필자의 단상들을 함께 읽는 동안 우리 사회에서 도서관이 차지하는 의미에 대해 다시 생각하게 된다.

421 아름다운 도서관 오디세이

eBook

최정태(부산대학교 명예교수)

이 책은 문헌정보학과에서 자료 조직을 공부하고 평생을 도서관에 몸담았던 한 도서관 애찬가의 고백이다. 필자는 퇴임 후 지금까지 도서관을 돌아다니면서 직접 보고 배운 것이 40여 년 동안 강단과 현장에서 보고 얻은 이야기보다 훨씬 많았다고 말한다. '세계 도서관 여행 가이드'라 불러도 손색없을 만큼 풍부하고 다채로운 내용이 이 한 권에 담겼다.

eBook 표시가 되어있는 도서는 전자책으로 구매가 가능합니다.

016 이슬람 문화 | 이희수
017 살롱문화 | 서정복 eBook
020 문신의 역사 | 조현설 eBook
038 헬레니즘 | 윤진 eBook
056 중국의 고구려사 왜곡 | 최광식 eBook
085 책과 세계 | 강유원
086 유럽왕실의 탄생 | 김현수 eBook
087 박물관의 탄생 | 전진성 eBook
088 절대왕정의 탄생 | 임승휘 eBook
100 여행 이야기 | 이진홍 eBook
101 아테네 | 장영란 eBook
102 로마 | 한형곤 eBook
103 이스탄불 | 이희수 eBook
104 예루살렘 | 최창모 eBook
105 상트 페테르부르크 | 방일권 eBook
106 하이델베르크 | 곽병휴 eBook
107 파리 | 김복래 eBook
108 바르샤바 | 최건영 eBook
109 부에노스아이레스 | 고부안 eBook
110 멕시코 시티 | 정혜주 eBook
111 나이로비 | 양철준 eBook
112 고대 올림픽의 세계 | 김복희 eBook
113 종교와 스포츠 | 이창익 eBook
115 그리스 문명 | 최혜영
116 그리스와 로마 | 김덕수 eBook
117 알렉산드로스 | 조현미
138 세계지도의 역사와 한반도의 발견 | 김상근 eBook
139 신용하 교수의 독도 이야기 | 신용하
140 간도는 누구의 땅인가 | 이성환 eBook
143 바로크 | 신정아 eBook
144 페르시아 문화 | 신규섭 eBook
150 모던 걸, 여우 목도리를 버려라 | 김주리 eBook
151 누가 하이카라 여성을 데리고 사누 | 김미지 eBook
152 스위트 홈의 기원 | 백지혜 eBook
153 대중적 감수성의 탄생 | 강심호 eBook
154 에로 그로 넌센스 | 소래섭 eBook
155 소리가 만들어낸 근대의 풍경 | 이승원 eBook
156 서울은 어떻게 계획되었는가 | 염복규 eBook
157 부엌의 문화사 | 함한희
171 프랑크푸르트 | 이기식 eBook
172 바그다드 | 이동은 eBook
173 아테네인, 스파르타인 | 윤진 eBook
174 정치의 원형을 찾아서 | 최자영 eBook
175 소르본 대학 | 서정복 eBook
187 일본의 서양문화 수용사 | 정하미
188 번역과 일본의 근대 | 최경옥
189 전쟁국가 일본 | 이성환 eBook
191 일본 누드 문화사 | 최유경
192 주신구라 | 이준섭
193 일본의 신사 | 박규태 eBook
220 십자군, 성전과 악탈의 역사 | 진원숙
239 프라하 | 김규진 eBook
240 부다페스트 | 김성진 eBook
241 보스턴 | 황선희
242 돈황 | 전인초 eBook
249 서양 무기의 역사 | 이내주
250 백화점의 문화사 | 김인호
251 초콜릿 이야기 | 정한진
252 향신료 이야기 | 정한진
259 와인의 문화사 | 고형욱
269 이라크의 역사 | 공일주
283 초기 기독교 이야기 | 진원숙
285 비잔틴제국 | 진원숙 eBook
286 오스만제국 | 진원숙 eBook
291 프랑스 혁명 | 서정복 eBook
292 메이지유신 | 장인성
293 문화대혁명 | 백승욱 eBook
294 기생 이야기 | 신현규 eBook
295 에베레스트 | 김법모 eBook
296 빈 | 인성기 eBook
297 발트3국 | 서진석 eBook
298 아일랜드 | 한일동
308 홍차 이야기 | 정은희 eBook
317 대학의 역사 | 이광주
318 이슬람의 탄생 | 진원숙
335 고대 페르시아의 역사 | 유흥태
336 이란의 역사 | 유흥태
337 에스파한 | 유흥태
342 다방과 카페, 모던보이의 아지트 | 장유정
343 역사 속의 채식인 | 이광조
371 대공황 시대 | 양동휴 eBook
420 위대한 도서관 건축순례 | 최정태 eBook
421 아름다운 도서관 오디세이 | 최정태 eBook
423 서양 건축과 실내 디자인의 역사 | 천진희 eBook
424 서양 가구의 역사 | 공혜원 eBook
437 알렉산드리아 비블리오테카 | 남태우 eBook
439 전통 명품의 보고, 규장각 | 신병주 eBook
443 국제난민 이야기 | 김철민 eBook
462 장군 이순신 | 도현신 eBook
463 전쟁의 심리학 | 이윤규 eBook
466 한국무기의 역사 | 이내주 eBook
486 대한민국 대통령들의 한국경제 이야기1 | 이장규 eBook
487 대한민국 대통령들의 한국경제 이야기2 | 이장규 eBook
490 역사를 움직인 중국 여성들 | 이양자 eBook
493 이승만 평전 | 이주영 eBook
494 미군정시대 이야기 | 차상철 eBook
495 한국전쟁사 | 이희진 eBook
496 정전협정 | 조성훈 eBook
497 북한 대남침투도발사 | 이윤규 eBook
510 요하 문명(근간)
511 고조선왕조실록(근간)
512 고구려왕조실록 1(근간)
513 고구려왕조실록 2(근간)
514 백제왕조실록 1(근간)
515 백제왕조실록 2(근간)
516 신라왕조실록 1(근간)
517 신라왕조실록 2(근간)
518 신라왕조실록 3(근간)
519 가야왕조실록(근간)
520 발해왕조실록(근간)
521 고려왕조실록 1(근간)
522 고려왕조실록 2(근간)
523 조선왕조실록 1 | 이성무 eBook
524 조선왕조실록 2 | 이성무 eBook
525 조선왕조실록 3 | 이성무 eBook
526 조선왕조실록 4 | 이성무 eBook
527 조선왕조실록 5 | 이성무 eBook
528 조선왕조실록 6 | 편집부 eBook

㈜살림출판사
www.sallimbooks.com
주소 경기도 파주시 문발동 522-1 | 전화 031-955-1350 | 팩스 031-955-1355